실제 사례로 보는

부동산 경매
타짜 기본서

실제 사례로 보는

부동산 경매
타짜 기본서

이 책이 부동산경매의 판 전체를 이해하고,
시행착오를 줄이는 입문서 기능을 하기를 기대해본다.

여상준 · 홍성우(세무부분) 공저

🏛 법률출판사

CONTENTS

제5장   부동산 경매라는 무기를 장착하라

제6장   부동산경매의 최종 마무리 세금

서문

과연 부동산경매로 돈을 벌 수 있을까? 누군가 부동산경매로 엄청난 금액의 돈을 벌었다는 소식을 신문 기사, 유튜브 등 각종 언론 매체를 통하여 흔하게 접할 수 있다. 하지만 부동산 경매를 시작한다고 모두 돈을 벌 수 있을까?

필자는 부동산경매로 수익을 올리는 사례 못지 않게 손실이 발생하는 사례를 너무나 많이 보아 왔다. 전체 부동산경매 중 재경매가 차지하는 비율이 7%에 이른다는 기사는 입찰자 중 7%는 입찰보증금을 몰취 당하는 손해를 보았다는 반증이다. (물론 고의적으로 재경매를 야기 시키는 경우도 있으며, 자신의 실수를 모르고 잔금을 납부하여 더 큰 손해를 입는 경우도 있다. 추후 함께 설명한다.)

이 책을 쓴 이유는 실제로 부동산경매를 통하여 돈을 벌 수 있을까? 라는 질문에 성실한 답을 하기 위해서이다. 필자가 직, 간접적으로 경험한 실제 사례를 통해 부동산경매의 메커니즘을 설명하고 경매과정에서 주의하여야 할 점을 알리고자 함이다.

책의 제목을 부동산경매 타짜 기본서로 정한 이유는 다음과 같다.

여러분은 투자, 투기, 도박을 구분할 수 있는가? 부동산, 주식, 선물, 가상화폐, 경마(馬) 중 무엇이 투자이며 무엇이 투기 또는 도박에 해당하는지 구분할 수 있는가? 구분할 수 있다면 어떠한 기준으로 구분할 것인가? 다양한 의견을 수렴한 결과 대부분 위험성을 기준으로 구분하거나 법적 기준으로 나눈다.

그런데 미국에서는 포커를 스포츠로 인정하고 프로 포커 플레이어의 인기가 대단하다.

투자, 투기, 도박으로 구분하기 위한 인위적 잣대에 따라서 세 가지로 구분할 수 있어도 그 본질은 모두가 같다고 본다. 육체와 시간을 투입함으로 얻는 임금과 달리 투자, 투기, 도박의 본질은 돈 놓고 돈 먹기 게임이다. 투자, 투기, 도박은 자본금을 통하여 수익을 낳거나 자본금 자체가 소멸되는 동일한 과정을 거친다. 과장이 심하다 할지 모르겠으나 심지어 예금도 돈 놓고 돈(이자) 먹기 게임에 해당한다고 볼 수 있다. 다만 일반인들이 좀 더 안전하다고 생각하지만 예금의 이자가 인플레이션을 따라가지 못하는 경우 발생하는 손실을 감안한다면 예금이 마냥 안전자산은 아닌 것이다.

그렇다면 투자, 투기, 도박, 예금 모두 수익과 손실의 확률 즉, 리스크를 가지고 있다. 다만 차이점은 리스크의 크기이다. 그 리스크를 인식하고 관리하는 것이 어느 정도 가능한가의 차이일 뿐이라 생각한다.

그 리스크의 크기는 그 게임에 임하는 당사자에 따라 달리 판단된다. 도박의 경우 너무 리스크가 크다고 생각하지만, 법의 테두리 안에서 도박장을 운영하는 사람에게는 충분히 관리할 수 있는 리스크를 감안한 안정적 사업이다. 로또 구매자에게 로또의 당첨 확률이 너무 낮게 보이지만, 만일 나와 같이 로또를 구매한 친구가 1등에 당첨되었다면 그렇게 희박했던 당첨 확률도 달리 느껴질 것이다.

부동산경매도 도박만큼이나 리스크가 상당하다. 그다지 어려워 보이지 않는 사례에 숨겨진 리스크로 손해를 보는 경우가 제법 있다. 비약이 심할 수도 있으나 부동산경매는 도박의 메커니즘과 비슷한 부분이 많고 그 위험성도 도박과 비견되므로 책의 제목을 '부동산경매 타짜의 기본서'로 정하였다.

부동산경매가 시작되면 여러 이해 관계인들이 나타난다.

일단 기본적으로 돈을 빌린 자(채무자)와 빌려준 자(채권자)가 등장하고, 돈을 빌린 자의 재산과 이해관계를 맺은 자(임차인 등)가 등장한다. 그리고 채무자.소유자의 재산을 싸게 취득(낙찰)하려는 자와 그 판을 운영하는 법원이 등장한다.

이 부동산경매가 진행되는 판에서 채권자가 타짜일 수 있으며, 채무자, 소유자가 타짜일 수 있으며, 임차인, 유치권자가 타짜가 될 수도, 낙찰자가 타짜가 될 수 있다. 살다 보면 자신이 또는 친족, 동료가 부동산경매와 관련되는 경우가 있다. 그렇다면 그 부동산 경매판에서 어떻게 대응하여야 손해를 보지 않고 최대한의 이익을 실현할 것인가? 자신의 위치에서 손해를 보지 않고 최대한 이익을 내는 타짜가 될 것인가?

그러기 위해서는 부동산경매 절차 전반을 입체적으로 이해하고, 등장인물의 입장과 행보가 유기적으로 연결되어 있음을 이해하여야 한다.

이 책이 부동산경매의 판 전체를 이해하고, 시행착오를 줄이는 기본서 기능을 하기를 기대해본다.

제1장

부동산경매 타짜의 지침

제1원칙 누군가 손해를 본다면, 누군가 이익을 취한다.
(경매구조, 재경매, 허위임차인)

부동산경매는 채권자가 민사집행법에 따라서 자신의 채권을 회수하는 방법으로 자본주의에서 필수 불가결한 정리절차이다. 이 절차에서 채권자, 채무자. 소유자, 임차인, 유치권자, 낙찰자 등 여러 이해관계인이 등장하고 이 절차를 법원이 주관한다.

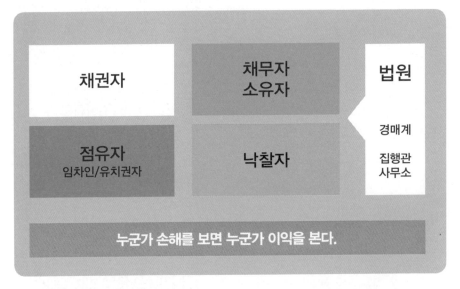

이 절차에서 대부분 시세보다 낮은 가격으로 낙찰되기 때문에 낙찰자는 이익을 누리지만, 채무자, 소유자는 손해를 본다. 채권자는 지연이자의 이득을 볼 수 있으나, 원금손실을 당할 수도 있다.

경매의 구조는 누군가 손해를 본다면 누군가 그만큼 이익을 취하는 구조로 되어 있다. 경매절차에서 이해 당사자들은 자신의 손해를 최소로 하고 이익을 극대로 하기 위하여 전력을 다한다. 그 과정에서 작전이 펼쳐지기도 하고, 실수를 하기도 한다.

중요한 것은 나의 포지션에 따라서 최선을 다하여 손해는 줄이고, 이익을 가져와야 한다는 것이다.

다음 사례는 경매의 구조를 이해하고 수익을 실현한 사례이다.

충주에 위치한 아파트 경매이다. 감정가 대비 상당히 저감된 상태에서 단독으로 낙찰받은 사례이다. 아무도 입찰에 참여하지 않은 이유를 살펴보겠다.

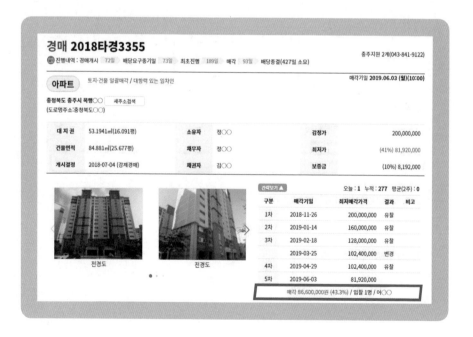

이 건은 임차인이 전세보증금을 받기 위하여 경매를 신청하였으나, 당

시 아파트의 매매시세가 전세보증금보다 낮았고, 임차인은 대항력을 갖추고 있었기 때문에 아무리 저가에 낙찰받는다 하더라도 임차인이 배당받지 못한 보증금을 낙찰자가 인수하는 구조이다. 즉 당시 매매시세보다 높은 전세보증금에 이르는 금액으로 소유권을 취득하기 때문에 아무도 입찰에 참여하지 않은 것이다.

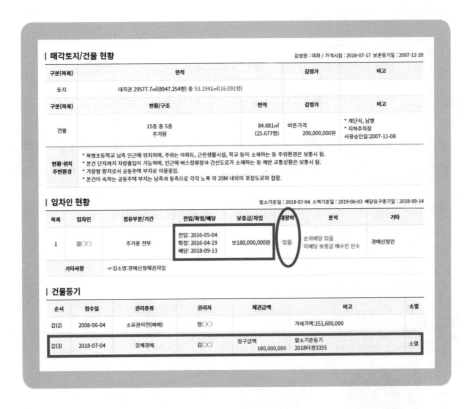

매각토지/건물 현황			감정원 : 대화 / 가격시점 : 2018-07-17 보존등기일 : 2007-12-20		
구분(목록)	면적		감정가	비고	
토지	대지권 29577.7㎡(8947.254평) 중 53.1941㎡(16.091평)				
구분(목록)	현황/구조	면적	감정가	비고	
건물	15층 중 5층 주거용	84.881㎡ (25.677평)	비준가격 200,000,000원	* 계단식, 남향 * 지하주차장 사용승인일:2007-11-08	
현황·위치 주변환경	* 목행초등학교 남측 인근에 위치하며, 주위는 아파트, 근린생활시설, 학교 등이 소재하는 등 주위환경은 보통시 됨. * 본건 단지까지 차량출입이 가능하며, 인근에 버스정류장과 간선도로가 소재하는 등 제반 교통상황은 보통시 됨. * 가장형 평지로서 공동주택 부지로 이용중임. * 본건이 속하는 공동주택 부지는 남측과 동측으로 각각 노폭 약 20M 내외의 포장도로와 접함.				

임차인 현황					말소기준일 : 2018-07-04 소액기준일 : 2019-06-03 배당요구종기일 : 2018-09-14		
목록	임차인	점유부분/기간	전입/확정/배당	보증금/차임	대항력	분석	기타
1	김○○	주거용 전부	전입: 2016-05-04 확정: 2016-04-29 배당: 2018-09-13	보180,000,000원	있음	순위배당 있음 미배당 보증금 매수인 인수	경매신청인
기타사항	☞김소영:경매신청채권자임						

건물등기						
순서	접수일	권리종류	권리자	채권금액	비고	소멸
갑(2)	2008-06-04	소유권이전(매매)	장○○		거래가액:151,600,000	
갑(3)	2018-07-04	강제경매	김○○	청구금액 180,000,000	말소기준등기 2018타경3355	소멸

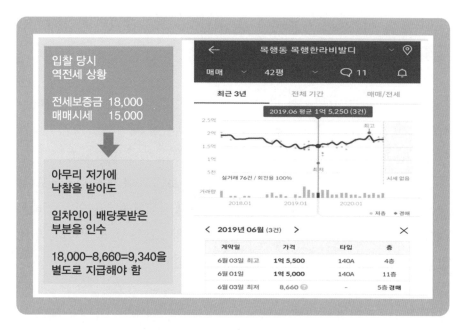

여기까지가 외견상 드러나는 리스크이다. 그런데 재미있는 사실은 이 충주아파트 경매는 부천의 아파트 경매와 연결되었다는 점이다.

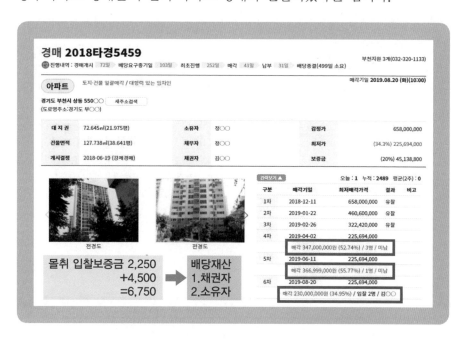

이 연결고리를 찾았기 때문에 실질적인 리스크를 정확히 판단하고 입찰에 참여하였고, 수익을 실현하였다.

부천의 아파트경매를 살펴보면, 충주아파트와 소유자가 동일하다는 사실을 알 수 있다. 게다가 부천아파트의 경매신청 채권자도 충주아파트의 임차인과 동일하다.

스토리를 정리하면 충주아파트와 부천아파트의 소유자는 갭투자로 두 채를 소유하고 있었고, 충주아파트의 임차인이 전세보증금을 받기 위해서 자신이 거주하는 아파트에 대하여 경매를 신청하였을 뿐만 아니라, 임대인 소유의 부천아파트에도 경매를 신청한 것이다.

그렇다면 부천의 아파트 경매절차에서 충주의 임차인이 보증금의 일부라도 배당을 받는다면 충주아파트를 낙찰받고 인수하는 보증금이 없을 수 있다는 판단이 선 것이다.

매각토지/건물 현황

감정원 : 도솔 / 가격시점 : 2018-06-25 보존등기일 : 2002-06-08

구분(목록)	면적		감정가	비고
토지	대지권 27823.8㎡(8416.7평) 중 72.645㎡(21.975평)		329,000,000원	

구분(목록)	현황/구조	면적	감정가	비고
건물	22층 중 22층 주거용	127.738㎡ (38.641평)	329,000,000원	사용승인일:2002-05-23

현황·위치 주변환경	• "상일초등학교" 북측 인근에 위치하며, 본건 주변은 아파트, 근린생활시설, 학교, 공원 등이 소재함. • 본건까지 차량접근 가능하며, 본건 인근에 버스정류장 및 상동역이 소재함. • 대체로 장방형의 토지로서, 아파트 부지로 이용중임. • 인접도로 및 단지 내 도로를 이용중임.

임차인의 보증금 전액인수
별도로 지급
얼마를 인수?

임차인 현황

말소기준일 : 2018

목록	임차인	점유부분/기간	전입/확정/배당	보증금/차임	대항력	
1	최○○	주거용	전입: 2016-09-23 확정: 배당 배당: 없음	미상		배당금없음 보증금·전액 매수인 인수 대항력 여지 있음 (전입일 빠름).

기타사항	☞현장에 임하였으나 폐문부재로 이해관계인을 만나지 못하여 점유관계를 확인하지 못하였으며, 안내문을 현관 출입문에 부착하여 두었음. 점유관계는 미상이며, 상세한 점유관계는 별도의 확인이 필요함. ☞동사무소에서 전입세대열람 결과 소유자가 아닌 주민등록 전입자를 임차인으로 기재하였음. ☞최우석은(는) 전입일상 대항력이 있으므로, 보증금은 임차인일 경우 인수여지 있어 주의요함.

건물등기

순서	접수일	권리종류	권리자	채권금액	비고	소멸
갑(2)	2002-07-16	소유권이전(매매)	정○○			
갑(3)	2018-06-19	강제경매	김○○	청구금액 180,000,000	말소기준등기 2018타경5459	소멸

당시 부천의 아파트는 입찰자가 권리분석을 잘못하여 대금을 납부하지 않았고, 재경매가 진행 중이었다. 부천아파트의 권리관계를 분석하면 임차인이 전입신고만 하였고, 배당요구를 하지 않아서 전세보증금이 얼마인지 알 수 없는 상황이었고, 부동산등기부상 근저당권, 가압류가 없었다. 전형적인 갭투자의 아파트로 임차인이 진성일 가능성이 높았다. 다만 배당요구를 하지 않았으므로 임차보증금을 고스란히 인수해야 하는 구조이다. 따라서 부천의 아파트를 입찰하려면 임차보증금이 얼마인지 파악하고, 그 금액을 공제하고 입찰자의 이익분을 차감하여 입찰하여야 한다.

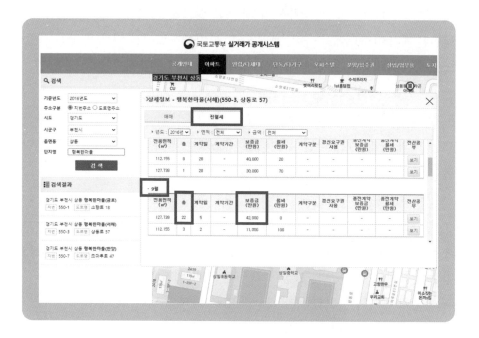

그럼에도 불구하고 입찰자는 이러한 추정을 간과하여 입찰금액을 과하게 쓴 것이다. 그 결과 입찰보증금을 몰취 당하는 손해를 입은 것이다.

입찰보증금을 몰취 당한 입찰자는 막대한 손해를 입었지만 그 손해로 누군가는 이익을 보는 것이다. 입찰보증금은 배당재산으로 편입되므로 채권자와 소유자에게 이익이 된다.

충주아파트 입찰 당시 부천의 아파트는 다행히 매매시세가 전세 시세를 충분히 앞서고 있었고, 입찰자의 실수로 배당재산에 쌓인 입찰보증금으로 충주 임차인의 전세보증금 일부가 배당될 것으로 판단되었다.

게다가 부천아파트의 재경매에서 또 다시 권리분석을 실수하여 입찰보증금을 몰취 당하는 일이 발생했다. 재경매의 경우 입찰보증금이 최저매각가격의 20%이므로 배당재산이 상당히 쌓이게 되었다. 이로써 충주 임차인은 충주아파트에서 일부 배당받고, 부천아파트에서 일부 배당을 받음으로써 자신의 전세보증금 전액을 배당받을 것이 명확해졌다.

외견상 리스크가 100으로 보였던 충주아파트의 실체를 파악하자 리스크는 거의 사라졌다. 다만 우려되는 리스크는 임차인이 충주아파트에 입찰할 가능성과 부천 경매건을 취하할 가능성이었다.

임차보증금을 받기 위해서 2년을 고생했는데 부천 경매건을 취하하기는 어려울 것이라는 결론을 내리고 입찰에 참여하였고, 다행히 임차인은 입찰에 참여하지 않았다. 나중에 확인한 결과 임차인은 한 번 더 유찰시킨 후 입찰에 참여하려 하였는데 예상치 않은 타짜가 낚아 챈 것이다.

위 사례에서 강조하고 싶은 내용은 누군가의 손해는 누군가의 이익으로 돌아간다는 것이다.
입찰보증금을 몰취 당한 2인의 손해는 충주아파트의 임차인과 소유자의 이익으로 돌아갔으며, 가장 큰 수혜자는 충주아파트를 낙찰받은 필자이다.

이러한 경매 판의 구조를 이해하고 이익을 가져오는 타짜가 되도록 노력해야 한다. 이 구조를 이해하면 리스크가 거의 없는 물건이다. 투자금(낙찰가) 8,660만 원은 전세계약 10,500만원을 체결하면서 모두 회수하였고 이익금까지 발생하였다. 2년 보유하고 양도세 없이 18,500만 원에 매각하였는데 매도 타이밍을 서두른 아쉬움이 있다. 2년 기준 수익률 213%이지만 투자금이 6개월 안에 모두 회수하였으므로 실질 수익률은 그 이상이다.

충주아파트와 부천아파트의 연결고리를 어떻게 찾았을까? 순서는 다음과 같다. 부천 경매 건을 검토하면서 시작된다. 강제경매의 이유를 확인하는 과정에서 임차보증금을 반환받기 위해서 경매를 신청하였음을 알아냈다.

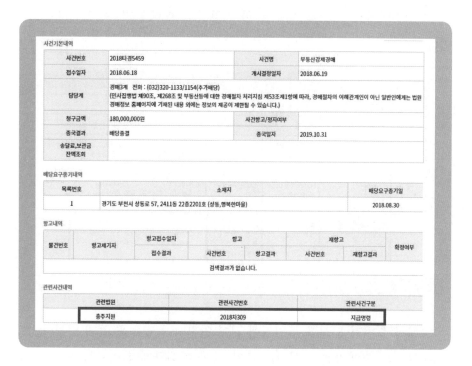

위 사건번호를 대법원 나의사건검색으로 확인하면 다음과 같이 나온다.

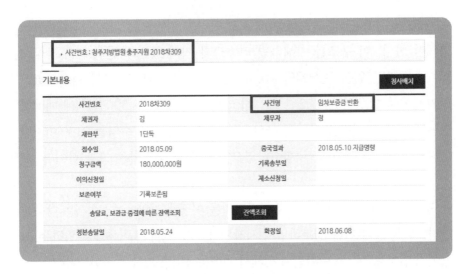

	, 사건번호 : 청주지방법원 충주지원 2018차309			

기본내용 〔청사배치〕

사건번호	2018차309	사건명	임차보증금 반환
채권자	김	채무자	정
재판부	1단독		
접수일	2018.05.09	종국결과	2018.05.10 지급명령
청구금액	180,000,000원	기록송부일	
이의신청일		제소신청일	
보존여부	기록보존됨		
송달료, 보관금 종결에 따른 잔액조회	〔잔액조회〕		
정본송달일	2018.05.24	확정일	2018.06.08

그런데 임차보증금반환청구를 한 임차인이 충주에 거주하고 있는 것이었다.

【 갑 구 】		(소유권에 관한 사항)		
순위번호	등 기 목 적	접 수	등 기 원 인	권리자 및 기타사항
1	소유권보존	2002년 6월 8일 제100136호		소유자 주식회사서해종합건설 120111-0018087 서울 영등포구 여의도동 35-3 대한교원공제회 8층
2	소유권이전	2002년 7월 16일 제120943호	2000년 9월 3일 매매	소유자 정 .-******* 부천시 원미구 상동 550-3 행복한마을
3	강제경매개시결정	2018년 6월 19일 제63106호	2018년 6월 19일 인천지방법원 부천지원의 강제경매개시결 정 (2018타경545	채권자 김 .-******* 충주시 목행산단4로 13, 106동 503호(목행동, 한라비발디아파트)

그래서 충주경매 건과 부천경매 건이 연결되어 있음을 알게 되었다. 요즘은 부동산 경매관련 사설 사이트가 많아 이해관계인 이름을 통하여 쉽게 찾을 수 있을 것이다.

제2원칙 작전 속에 돈이 숨어있다.
(허위임차인, 토지별도등기, 채무인수)

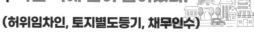

경매와 관련된 이해관계자들은 자신의 이익을 지키기 위해 최선을 다한다. 그 과정에서 작전이 개입한다. 설계자의 의도대로 작전이 마무리된다면 설계자에게 이익이 돌아갈 것이다. 하지만 허위를 진짜처럼 꾸미는 것은 쉽지 않다. 그 빈틈에 돈이 숨어있다.

다음 경매사건의 물건은 속초 영랑호 인근에 위치한 전용면적이 넓은 단독아파트이다. 유찰이 상당히 많이 이루어진 상태에서 단독으로 낙찰받았다. 이렇게 유찰이 많았고, 단독으로 낙찰을 받았다면 이 부동산경매에 리스크가 있다는 의미이다.

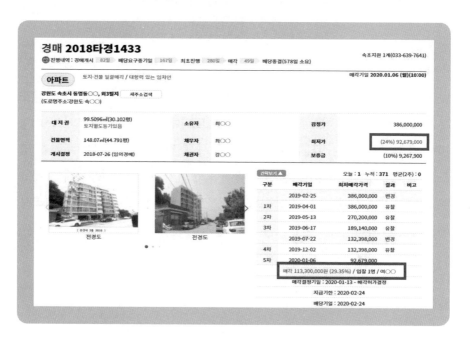

일단 토지 별도등기가 있다. 단독주택, 다가구주택의 경우 건물과 토지의 등기부등본이 따로 있지만, 집합건물인 아파트, 다세대, 구분상가는 등기부등본이 하나이며, 그 등기부등본 안에 토지(대지권)에 관한 내용이 있다. 통상적으로 집합건물등기가 완성되면 토지등기부는 소멸된다. 하지만 토지에 관한 권리관계가 남아있다면 집합건물등기에 토지에 대한 권리관계가 남아 있다는 표시를 한다. 그것이 토지 별도등기이다.

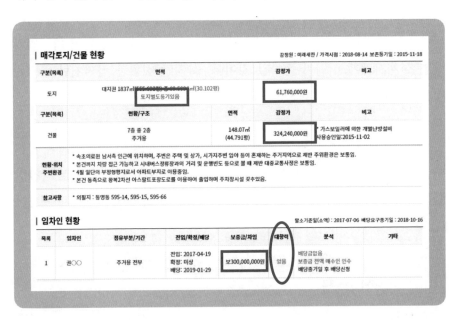

입찰자 입장에서 중요한 것은 낙찰 후 잔금 지급과 동시에 토지 별도등기가 소멸되는지 여부이다. 이 물건은 토지에 대하여 가압류와 근저당권이 말소되지 않은 상태이다. 아파트 공사를 진행하기 위해서 토지를 담보에 제공하였는데 채무를 완전히 변제하지 못하였고, 개인채권자의 가압류도 남아있는 상태이다. 정상적으로 분양이 마무리되었다면 아마도 모두 해결되었을 채권이다.

감정평가서를 보면 토지와 건물에 대한 평가금액이 별도로 기재되어 있다. 우선 낙찰금을 감정평가서 상 토지와 건물의 비율로 안분한다. 그렇게 안분된 토지의 배당재산에 대하여 토지의 근저당권자와 가압류권자가 배당을 받고 토지 별도등기는 말소된다. 이렇게 토지 별도등기의 부담은 해결된다. 조금 더 확실히 검증을 하자면 이 아파트의 여러 채가 이미 경매가 진행되었으므로 낙찰된 건의 등기부등본을 열람해서 토지 별도등기가 말소되었는지 여부를 확인하면 된다.

[집합건물] 강원도 속초시 동명동 595-2외 3필지 속초 더-조은펠리스아파트 제2층 제202호

(대지권의 표시)

표시번호	대지권종류	대지권비율	등기원인 및 기타사항
1	1, 2, 3, 4 소유권대지권	1837분의 99.5096	2015년11월18일 대지권 2015년11월18일 등기
2			별도등기 있음 1토지(갑구2,3,4,5번 가압류 등기, 을구1,2,3번 근저당권설정 등기), 2토지(갑구38,39,40번 가압류 등기, 을구15,20,21번 근저당권설정 등기), 3토지(갑구36,37,38번 가압류 등기, 을구15,20,21번 근저당권설정 등기), 4토지(갑구35,36,37번 가압류 등기, 을구15,20,21번 근저당권설정 등기) 2015년11월18일 등기

위 토지 별도등기는 대금완납 후 소유권이전 등기과정에서 아래와 같이 말소되었다.

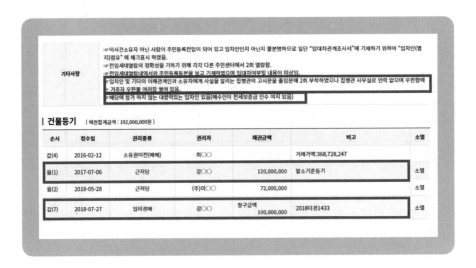

[집합건물] 강원도 속초시 동명동 595-2외 3필지 속초 더-조은펠리스아파트 제2층 제202호

(대지권의 표시)

표시번호	대지권종류	대지권비율	등기원인 및 기타사항
1	1, 2, 3, 4 소유권대지권	1837분의 99.5096	2015년11월18일 대지권 2015년11월18일 등기
~~2~~			~~별도등기 있음~~ ~~1토지(갑구2,3,4,5번 가압류 등기,~~ ~~을구1,2,3번 근저당권설정 등기),~~ ~~2토지(갑구38,39,40번 가압류 등기,~~ ~~을구15,20,21번 근저당권설정 등기),~~ ~~3토지(갑구36,37,38번 가압류 등기,~~ ~~을구15,20,21번 근저당권설정 등기),~~ ~~4토지(갑구35,36,37번 가압류 등기,~~ ~~을구15,20,21번 근저당권설정 등기)~~ ~~2015년11월18일 등기~~
3			별도등기말소 2020년3월27일 등기

다음으로 넘어야 할 큰 산은 임차인의 임차보증금 3억이다.

확정일자가 없기에 임차보증금을 고스란히 떠안아야 하는 구조이다. 그러니 입찰자가 없었다. 게다가 1순위 근저당권자가 금융권이 아닌 개인이므로 허위임차인이라는 확신을 가지기 어렵다.

휴가차 가족과 속초로 여행을 가는 길에 현장을 들러보았다. 사람이 살지 않는다는 심증을 굳혔다. 경매를 신청한 채권자는 상당히 곤경에 빠져있을 것이고, 이 과정에 이른 연유를 듣고 싶어서 찾아갔다. 늦은 시간임에도 불구하고 다행히 경매를 신청한 채권자를 만날 수 있었다.

채권자는 경계의 눈빛으로 필자와 인사를 나누었으나 서로 윈윈하러 온 취지를 정중히 말씀드렸다. 대화가 진행될수록 아니나 다를까 경매를 통하여 당연히 채권을 회수할 수 있을 것이라고 생각했는데 경매절차가 한없이 유찰되어 곤경에 처해 있었다. 억울함을 토로하며 임차권에 대한 사실관계를 설명해 주었다. 심증은 허위임차인으로 굳혀졌지만, 그들의 작전을 깨려면 치밀한 법률적 근거와 이를 뒷받침 할 만한 증거들이 필요했다.

며칠간 고민의 고민을 거듭한 후 입찰에 참여하였고, 혹시나 했던 내부자들이 입찰에 참여하지 않았기에 단독으로 낙찰받았다. 이제는 배수의 진을 치고 작전을 깨야 한다.

작전을 깨기 위한 전쟁터에 들어가기 위해서는 잔금을 납부하여야 한다. 소유권자가 되어야 허위임차인과 싸울 자격이 주어진다. 그런데 이런 물건에 대하여 대출을 해주는 금융권은 어디에도 없다. 누가 대출을 해주겠는가?

여기서 필자는 채무인수의 방법을 활용했다. 민사집행법은 잔금 납부의 방법으로 상계와 채무인수를 규정하고 있다. 상계는 채권자가 낙찰을 받은 경우 잔금을 납부하고 배당을 받는 절차의 번거로움을 생략하는 방법이다. 예를 들면 1억의 최선순위 채권자가 1억 5천만 원으로 낙찰받고 상계신청을 하면 잔금의 납부와 배당절차가 동시에 이루어지면서 잔금으로 5천만 원만 납부하면 되는 것이다.

　민사집행법은 소멸주의를 근간으로 하기 때문에 잔금의 납부 후 소유권이전등기를 진행하는 과정에서 기존 근저당권, 압류, 가압류를 소멸시키는데, 기존 근저당권자의 동의를 얻어 그 저당권을 존치시키는 것이 채무 인수이다. 예를 들어 설명하면 1억 원의 근저당권이 설정된 아파트를 1억 5천만 원으로 매입하면서 근저당권을 그대로 두고 5천만 원만 잔금으로 지급하는 구조이다.

문건처리내역

접수일	접수내역
2018.07.31	등기소 춘00000 0000 000 등기필증 제출
2018.08.03	배당요구권자 주000 000000 채권계산서 제출
2018.08.10	채권자 강00 보정서 제출
2018.08.17	집행관 차00 현황조사보고서 제출
2018.08.21	채권자 강00 보정서 제출
2018.08.23	기타 김00 감정평가서 제출
2018.08.24	감정인 미000000000 감정평가서 제출
2018.09.14	교부권자 속00 교부청구서 제출
2019.01.29	배당요구권자 권00 권리신고 및 배당요구신청서 제출
2019.02.15	근저당권자 주000 000000 열람및복사신청 제출
2019.05.15	채권자 강00 열람및복사신청 제출
2019.07.09	채권자 강00 기일변경(연기)신청서 제출
2020.01.06	최고가매수신고인 열람및복사신청 제출
2020.01.17	최고가매수신고인 채무인수신고서 제출
2020.01.29	교부권자 속00 교부청구서 제출
2020.02.04	채무자겸소유자 최00 열람및복사신청 제출
2020.02.04	채무자겸소유자 최00 열람및복사신청 제출
2020.02.17	채권자 강00 채권계산서 제출

참조조문

민사집행법 제143조(특별한 지급방법) ① 매수인은 매각조건에 따라 부동산의 부담을 인수하는 외에 배당표(配當表)의 실시에 관하여 매각대금의 한도에서 관계 채권자의 승낙이 있으면 대금의 지급에 갈음하여 채무를 인수할 수 있다.

②채권자가 매수인인 경우에는 매각결정기일이 끝날 때까지 법원에 신고하고 배당받아야 할 금액을 제외한 대금을 배당기일에 낼 수 있다.

③제1항 및 제2항의 경우에 매수인이 인수한 채무나 배당받아야 할 금액에 대하여 이의가 제기된 때에는 매수인은 배당기일이 끝날 때까지 이에 해당하는 대금을 내야 한다.

민사집행법 제1항은 채무 인수를 규정하고 있으며, 제2항은 상계를 규정하고 있다. 차이점은 상계는 매각허가결정 전에 신청을 하여야 한다. 채무 인수는 그러한 제한이 없다.

필자는 제1항에 따라 1순위 근저당권자(경매신청채권자)의 채무를 인수함으로써 대금 납부를 갈음하였으므로 본격적으로 임차인과 전쟁을 치러야 한다. 대금이 납부됨과 동시에 임차인 측으로부터 전화가 걸려왔으며, 어떻게 해결할 것인지에 대하여 물어왔다. 어차피 금액의 조율로 해결될 사안이 아니기에 단호히 임차보증금을 한 푼도 줄 용의가 없다고 전달하였다.

해결의 지름길은 인도명령 신청을 하여 인용 결정을 받는 것이다. 성심을 다해서 인도명령 신청서를 작성하였고, 상대방은 법무법인을 대리인으로 내세웠다. 수차례의 공격과 방어가 오고 갔다.

일자	내용	결과	공시문
2020.02.24	신청서접수		
2020.02.25	피신청인1 권 에게 심문서 송달	2020.02.27 도달	
2020.03.02	신청인 마블홀딩스 주식회사 보충서면 제출		
2020.03.05	피신청인 소송대리인 법무법인 답변서 제출		
2020.03.06	신청인1 마블홀딩스 주식회사에게 답변서 송달	2020.03.10 도달	
2020.03.10	신청인1 마블홀딩스 주식회사에게 서증(2020.3.5.자) 송달	2020.03.13 도달	
2020.03.12	신청인 마블홀딩스 주식회사 보충서면 제출		
2020.03.12	피신청인대리인 공증인가 법무법인 담당변호사 에게 보충 서면(2020.3.12.자) 송달	2020.03.17 도달	
2020.03.18	피신청인대리인 공증인가 법무법인 담당변호사 에게 보충 서면(2020.3.18.자) 송달	2020.03.19 도달	
2020.03.19	항고신청 : (항고결과 2020.04.09(((재)항고)기각)), (재항고결과 2020.06.19(심리불속행기각))		
2020.03.19	소송대리인 법무법인 준비서면 제출		
2020.03.19	소송대리인 법무법인 즉시항고장 제출		
2020.03.19	결정		
2020.03.19	신청인1 마블홀딩스 주식회사에게 결정정본 송달	2020.03.23 도달	
2020.03.19	피신청인대리인 공증인가 법무법인 담당변호사 에게 결정 정본 송달	2020.03.19 도달	
2020.03.19	종국 : 인용		
2020.03.20	신청인 마블홀딩스 주식회사 집행문및송달증명	2020.03.20 발급	
2020.03.20	신청인1 마블홀딩스 주식회사에게 준비서면부본(2020.03.19.자) 송달	2020.03.24 도달	

    다행인 것은 재판부에서 서면을 꼼꼼히 살펴봐 주었다는 점이다. 만일 재판부가 귀차니즘으로 명도소송으로 해결하라는 취지로 인도명령신청을 기각시켰다면 필자의 출혈이 컸을 것이다. 이기는 것도 중요하지만 얼마나 신속히 해결하는가도 중요하다. 상대방 법무법인에서 제출한 전화번호부 두께에 달하는 준비서면을 새벽까지 한 장 한 장 넘기다 결정적 증거를 발견하였을 때 밀려오는 쾌감은 말로 설명하기 어렵다.

    재판부에 결정적 증거를 제출하자마자 인도명령결정이 났고 서둘러 강제집행 절차를 진행하여 계고절차까지 마치고 본집행만 남겨두었다. 상대방은 항고를 제기하면서 집행정지신청을 하였다. 만일 집행정지결정이 난다면 명도 과정이 길어질 수 있었다. 하지만 항고심의 재판부가 집행정지 신청에 대한 판단보다 항고 자체를 기각시켰다. 상대방은 대법원에 재항고하였으나 강제집행이 완료되었으므로 소의 이익이 없어 대법원에서 각하되었다.

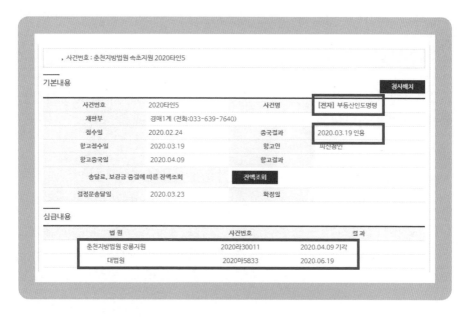

어두운 긴 터널을 지나서 시원한 속초물회 한 그릇을 마음 편히 먹을 수 있었다.

여기까지가 작전 속에 숨은 돈을 찾아오는 과정이다. 작전을 구상한 설계자들은 나름 치밀하게 준비했을 것이다. 하지만 그 과정에서 나타나는 미세한 모순과 흠결까지 덮지는 못했다.

필자는 임차인과 소유자간 공모와 임차인의 점유가 없었음을 치밀하게 파고 들었고, 다행히 재판부에서 이를 인정해주었다. 강제집행 완료 후 전세를 셋팅하고 금 20,900만 원에 매도까지 마무리 하였다. 투자금 2,000만 원 대비 수익률은 500%에 조금 못 미치는 성과를 거둔 사건이다.

지금도 많은 경매사건에서 작전이 이루어지고 있다. 가장 유치권자, 가장 임차인, 가장 선순위 가등기 등 무수히 많은 작전들이 있다. 가짜라는 심증으로 무턱대고 덤빌 수 없다. '치밀히 계산하여 이길만한 전투에만 임하라'는 손자의 말처럼 심증만으로 이길 수는 없는 것이다.

위 사례에서 허위 임차인을 입증하는 세세한 근거까지 다 설명하기는 어려우므로 알아두면 유용한 판례를 남겨둔다.

관련 판례 임대차는 임차인으로 하여금 목적물을 사용·수익하게 하는 것이 계약의 기본 내용이므로(민법 제618조 참조), 채권자가 주택임대차보호법상의 대항력을 취득하는 방법으로 기존 채권을 우선변제 받을 목적으로 주택임대차계약의 형식을 빌려 기존 채권을 임대차보증금으로 하기로 하고 주택의 인도와 주민등록을 마침으로써 주택임대차로서의 대항력을 취득한 것처럼 외관을 만들었을 뿐 실제 주택을 주거용으로 사용·수익할 목적을 갖지 아니한 계약은 주택임대차계약으로서는 통정허위표시에 해당되어 무효라고 판시한 판례(출처 : 대법원 2002. 3. 12. 선고 2000다24184, 24191 판결).

관련 판례 갑이 아파트를 소유하고 있음에도 공인중개사인 남편의 중개에 따라 근저당권 채권최고액의 합계가 시세를 초과하고 경매가 곧 개시될 것으로 예상되는 아파트를 소액임차인 요건에 맞도록 시세보다 현저히 낮은 임차보증금으로 임차한 다음 당초 임대차계약상 잔금지급기일과 목적물인도기일보다 앞당겨 보증금 잔액을 지급하고 전입신고 후 확정일자를 받았는데, 그 직후 개시된 경매절차에서 배당을 받지 못하자 배당이의를 한 사안에서, 갑은 소액임차인을 보호하기 위하여 경매개시결정 전에만 대항요건을 갖추면 우선변제권을 인정하는 주택임대차보호법을 악용하여 부당한 이득을 취하고자 임대차계약을 체결한 것이므로 주택임대차보호법의 보호대상인 소액임차인에 해당하지 않는다 (출처 : 대법원 2013. 12. 12. 선고 2013다62223 판결).

관련 판례 원고는 1997. 3. 1. 소외 1과 정산을 마치고 위 임대차계약서를 작성한 것이 아니라, 정산이 마쳐지지 않은 상태에서 이 사건 건물의 공동소유자로서 당연히 위 2층 주택 중 2층 부분을 계속 사용 · 수익해 오던 중, 이 사건 대지와 건물이 경매되는 경우 자기의 지분을 제3자에게 대항할 수 없게 되는 것에 대비하여, 위 임대차계약서를 작성하고 또 소외 1 운영의 회사가 부도나기 직전에 이를 알고 위 임대차계약서에 확정일자를 받아두었을 뿐이라고 봄이 상당한바, 이와 같이 주택임대차로서의 우선변제권을 취득한 것처럼 외관을 만들었을 뿐 실제 주택을 주거용으로 사용·수익할 목적을 갖지 아니한 계약에는 주택임대차보호법이 정하고 있는 우선변제권을 부여할 수 없는 것이다 (출처 : 대법원 2003. 7. 22. 선고 2003다21445 판결).

제3원칙 타짜도 스타일이 있다.

입찰경험이 쌓이면 선호하는 물건의 유형이 생긴다. 검색단계부터 그러한 물건을 타겟팅하고, 마무리까지 하는 사례가 쌓이면 그 분야의 스페셜리스트가 되는 것이다.

타짜들이 수익을 올리는 스타일을 크게 4가지로 구분해본다.

첫 번째, 소위 특수물건이라 불리는 경매물건을 취급하는 것이다. 유치권, 선순위 가등기, 대항력 있는 임차인, 법정지상권, 맹지, 분묘기지권 등 법률적 난제를 해결하는 것이다. 하이 리스크 하이 리턴이다. 그 만큼 전문성이 필요하다. 차후 하나씩 살펴보겠다.

두 번째, 재개발, 재건축 또는 도시개발계획(도로,철도) 등 향후 개발호재를 이용하는 것이다. 지역분석이 기본이고 재개발, 재건축의 경우 깊이 있는 공부가 필요하다. 아래의 사안은 감정가의 300% 넘게 낙찰되었다.

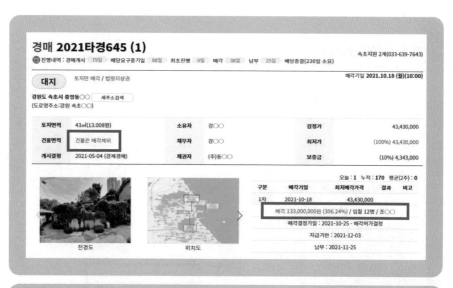

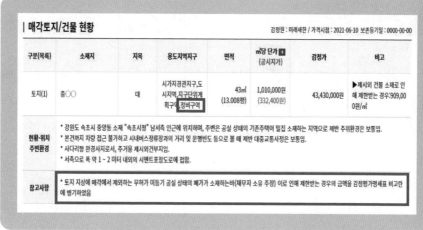

지상의 미등기건물이 있음에도 불구하고 고가로 낙찰된 이유는 속초 중앙동 주택재개발정비사업이 속도를 내고 있었기 때문이다.

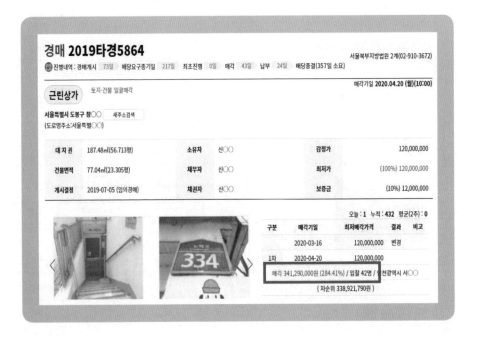

위 사안은 3년간 공실인 지하상가인데 42명이 입찰하였고 감정가의 284%에 낙찰되었다. 이유는 재건축이다. 재건축과 재개발 관련 물건은 사업의 진행속도, 수익성, 조합원 지위가 승계되는지 여부를 필히 확인하여야 한다.

세 번째, value-up 작업이다. 작게는 인테리어 기술을 활용해서 부동산의 외관을 꾸며서 수익을 실현한다. 좀더 크게는 개발행위를 진행하는 것이다. 예를 들어 대지를 낙찰받아 빌라건축사업을 진행하거나 임야를 낙찰받아 산지 전용 후 개발행위를 하는 것이다. 사업 아이템을 부동산에 접목시키는 방법도 있다. 예를 들면 지하상가를 낙찰받아서 어린이수영장으로 사업을 펼치는 것이다.

아래의 경매사례는 상담을 통해서 인지한 물건인데 경매를 어떻게 활용하는지 보여준다.

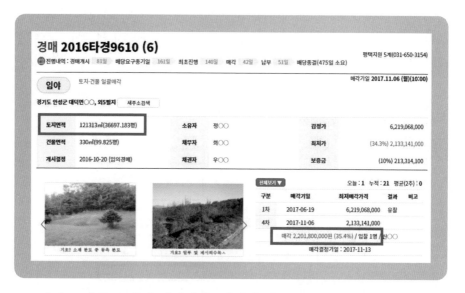

경기도 안성 소재의 임야이다. 면적이 상당히 넓은 만큼 감정가도 62억이다. 수차례 유찰되어 감정가의 35%에 경매회사가 낙찰받았다.

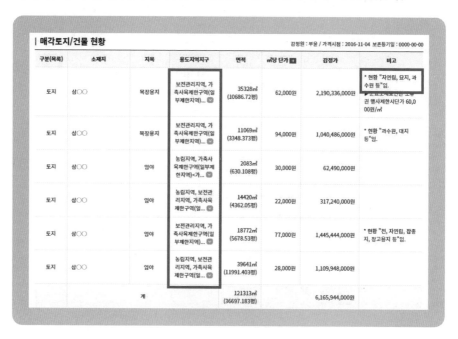

감정평가서를 살펴보면 분묘도 있으며, 맹지도 많다. 임야를 입찰할 경우 토지이용계획확인원의 용도지역, 지구를 확인하여 개발의 가능 여부와 정도를 파악해야 한다. 싸게 낙찰받는 것도 중요하지만 더 중요한 부분은 어떻게 수익을 창출할 것인가이다. 아무리 싸게 낙찰 받는다 하더라도 수익을 만들지 못하면 실패인 것이다. 과연 낙찰 후 어떻게 수익을 창출하였을까?

순위번호	등 기 목 적	접 수	등 기 원 인	권리자 및 기타사항
[토지] 경기도 안성시 대덕면 삼한리 209-1				
15	5번 경매주식회사지분35328분의13841 중 일부(35328분의330) 이전	2018년1월19일 제2519호	2017년12월29일 매매	공유자 지분 35328분의 330 경기도 시흥시 죽율로 45-10, (죽율동, 시흥6차푸르지오1단지) 거래가액 금20,691,000원
16	5번 경매주식회사지분35328분의13511 중 일부(35328분의66) 이전	2018년1월19일 제2520호	2017년12월29일 매매	공유자 지분 35328분의 66 경기도 안산시 상록구 각골로2안길 (본오동) 거래가액 금4,012,800원
17	8번 경매주식회사지분35328분의10248 중 일부(35328분의661) 이전	2018년1월19일 제2521호	2017년12월29일 매매	공유자 지분 35328분의 661 서울특별시 마포구 월드컵북로38길 53, (중동,월드컵참누리아파트) 거래가액 금41,382,000원
18	9번 경매옥선주식회사지분35328분의5952 중	2018년1월19일 제2522호	2017년12월29일 매매	공유자 지분 35328분의 165 경기도 안산시 단원구 광덕동로

　등기부등본을 확인해보면 지분으로 쪼개서 매각하고 있다. 소유자가 무려 120명이다.

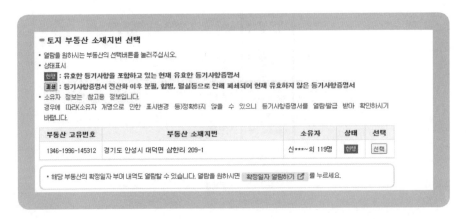

상담의 내용은 위 부동산에 대하여 매입제안을 받았는데 매입하여도 될지 여부였다. 지분으로 매입할 경우 발생하는 문제에 대하여 알아야 한다. 민법상으로 공유지분은 자유로이 매입하고 자유로이 처분할 수 있다. 하지만 거래 관행은 그렇지 않다. 누가 지분을 사겠는가? 매입을 제안할 당시 일단 지분으로 매입하고 차후 분할절차까지 완료할 것이라고 약속하였다 하더라도 이행되지 않는다면 어떻게 할 것인가? 기획부동산에서 발생하는 피해사례를 들어보았을 것이다. 지분의 분할이 온전하게 이루어지려면 도로가 설치되어야 하고, 분할등기까지 완료되어야 한다. 그렇지 않으면 아무리 싸게 매입하였다 하더라도 출구가 없다는 문제에 봉착하게 될 수도 있다. 위 부동산의 처리결과가 어떻게 될지 알 수 없지만 자신이 컨트롤 할 수 없는 리스크에 투자하는 것이 합리적 선택인지 물어 보았다.

네 번째, 부실채권 npl을 활용하는 방법이다. 대부업법에 따른 제한이 있지만 개인도 가능하다. 하지만 사실 녹록지 않은 영역이다. 부실채권이란 원리금 회수가 어려운 채권, 즉 3개월 이상 이자가 연체된 채권을 말한다. 부실채권을 매각하는 이유는 부실채권으로 BIS 자기자본비율이 낮아지면 금감원이 경영개선조치를 내리기 때문이다. 대부분 유동화 전문회사에서 양수받는데 매각단위는 pool로 단위가 크다. 유동화 전문 유한회사는 보통 자산관리회사(AMC)에 관리를 위탁하므로 부실채권을 매입하려면 자산관리 회사와 협의한다. 부실채권을 매입하는 이유는 높은 배당이득(지연이자수익), 양도세 절감의 효과, 낙찰의 확률을 높이는 효과, 대금납부의 사전준비, 경매절차에서의 주도권확보이다. 채권매각의 방식은 론세일방식, 사후정산방식, 채무인수방식이 있다. 사실 쉬운 영역은 아니다. 채권시장의 구조를 이해하고 정확한 권리분석능력과 수익성 계산능력이 전제되어야 한다. 제1장 13원칙 "기회는 계속 지나간다"에서 npl의 구조를 쉽게 설명한다.

위 네 가지 중 두 번째, 세 번째는 매매로도 가능하다. 경매에서만 가능한 영역은 특수물건과 부실채권이다. 한가지 말씀드리고 싶은 사실은 전문성이 있으면 경쟁력이 있다. 하지만 반드시 어려운 것을 해야 꼭 돈을 버는 것은 아니라는 것이다. 나에게 맞는 스타일을 찾고 집중하면 된다.

제4원칙 아차 하면 돈이 날아간다.

경매절차를 법원의 진행 과정과 입찰자의 과정으로 나누어 정리해본다.

법원은 채권자로부터 경매신청이 있으면 경매개시결정을 하고 이를 부동산등기부에 기입을 한다. 그리고 감정평가 및 현황조사의 실시를 명한다. 그 결과 감정평가서와 집행관 현황조사서가 제출되고 이를 기초로 하여 매각물건명세서가 작성된다.

그리고 배당요구종기일을 정하여 이해관계인들의 권리신고 및 배당요구를 받은 후 매각기일을 지정하고 공고한다.

매각기일에 매각(낙찰)이 되면 7일 후 법원은 매각허가 여부를 결정한다. 그리고 7일이 지나면 매각허가결정이 확정되면서 대금 납부기한을 지정한다. 낙찰자가 대금을 납부하면 약 4주 후 배당기일을 지정하고 배당을 실시한다. 배당표는 배당기일 3일 전에 열람이 가능하다.

만일 낙찰자가 대금을 납부하지 않으면 재경매가 진행된다.

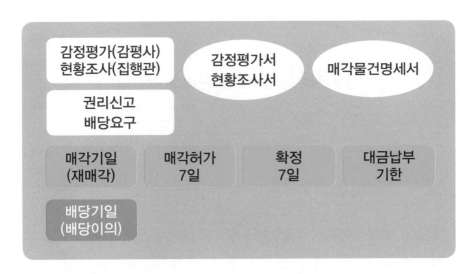

이상이 법원이 진행하는 절차의 요약이다.

다음은 입찰자의 입장에서 살펴본다. 입찰자는 경매로 부동산의 소유권을 취득하고 행사하기 위해서 입찰 준비절차, 입찰절차, 마무리절차를 거친다. 이 과정을 표로 정리해보았다.

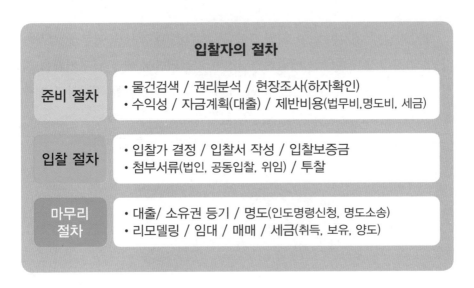

위 과정 중 하나라도 실수하면 손실이 발생하거나 수익을 놓치기 때문에 어느 하나 소홀히 하면 안 된다. 재경매비율이 7%에 달한다는 기사를 앞서 소개했다. 7%에 달하는 입찰자가 입찰보증금을 몰취 당했다는 사실은 경매의 위험성을 잘 나타낸다. (단, 고의로 재경매를 야기하는 사례도 일부 있다)

입찰자가 손실을 보는 유형은 위 7%에 달하는 입찰보증금을 몰취 당하는 경우 외에도 잔금을 납부하고 예상치 못한 손해가 발생한 경우도 있다. 이런 경우는 입찰보증금보다 몇 배의 손실이 발생할 수 있다.

잔금을 납부한 후 예상치 못한 인수금이 발생하는 경우(유치권자의 공사대금, 대항력이 있는 임차보증금) 또는 소유권을 행사하지 못하는 경우(건축행위가 불가능하거나, 철거대상인 경우)이다. 주식투자와 달리 부동산은 소액투자라도 금액이 크다. 신중하여야 한다. 아차하면 큰 손실을 볼 수 있다.

아래 사례에서 몰취된 입찰보증금이 얼마인지 확인해보시라. 2명이 몰취 당한 입찰보증금이 4억 7천만 원이다.

위 사례와 같은 불상사를 막기 위해서 최선을 다해야겠지만 행여 위와 같은 상황에 놓였을 때 탈출하는 방법에 대하여 '호랑이굴에 들어가도 정신만 차리면 산다' 장에서 설명한다.

준비절차 중 임장(현장조사)은 아주 중요하다. 그럼에도 불구하고 생략하거나 대충하는 경우가 있다. 아파트의 경우 인터넷으로 정보검색이 가능하므로 특히 그러하다. 아래의 사례는 인천의 아파트 경매이다.

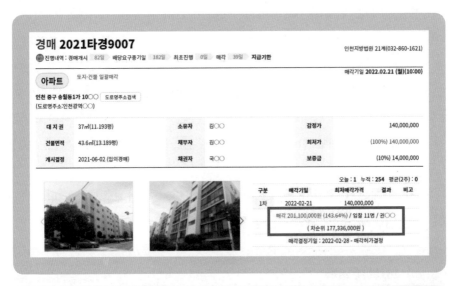

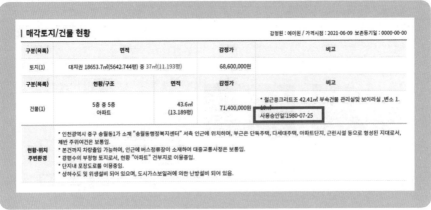

부동산경매 타짜 기본서

사용승인일이 1980년으로 낡은 아파트이고, 주택재개발사업이 진행 중이다. 입찰자가 11명인데 1등과 차 순위 간 금액 차이가 제법 된다. 네이버에 매물이 많지 않고, 네이버 매물만 기준으로 보았을 땐 적정가격으로 생각될 수 있다. 하지만 공인중개사가 네이버로 등록하지 않고 보유한 물건을 매매로 취득하는 것이 더 나은 결과일 것으로 보인다.

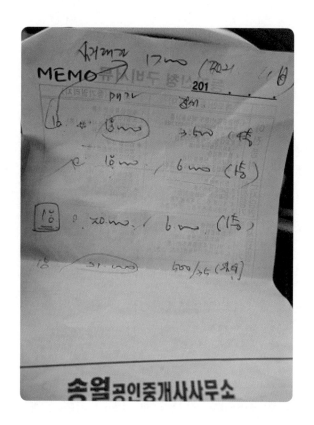

제5원칙 입찰장에서 호구되지 마라

법원 입찰장에서 발생하는 실수 사례를 소개하겠다.

첫 번째, 입찰표 작성의 실수이다.

가장 큰 실수는 입찰가액을 기재할 때 "0"을 하나 더 붙이는 경우이다. 그런 실수를 하느냐 하고 웃을 수 있지만, 생각보다 상당히 많다. 경험이 많은 입찰자도 아차하면 실수를 할 수 있다. 잔금을 납부할 수 없으니 몰취된 입찰보증금은 채무자, 채권자의 이익으로 돌아간다. 특별한 사정이 있지 않는 한 매각 불허가를 얻기 쉽지 않다.

물건번호를 기재하지 않거나 바꿔서 기재하는 경우, 사건번호를 잘못 기재하는 경우, 매각기일이 변경되었거나, 취하, 취소된 사실을 모르고 입찰하는 경우, 공동입찰자목록과 입찰표 사이에 간인을 하지 않은 경우도 있다.

매각기일 당일 입찰표를 작성할 때 자신이 어떤 경매물건에 입찰하는지 당당히 자랑하는 사람이 있다. 오픈된 장소에서 입찰표를 작성할 때 주의하여야 한다. 경쟁자들이 못 본다고 생각하는 것 같은데, 지나가면서 잠시 보아도 알 수 있다. 너무나 많은 입찰자들이 안일하게 입찰표를 작성한다. 입찰표 작성은 보이지 않는 곳에서 해야 한다. 입찰장과 다른 층으로 이동하면 방해받지 않고 조용히 작성할 수 있다. 그리고 당일 진행되는 경매사건을 안내하는 입찰장 앞 공고판을 보면서 자신이 입찰하는 사건을 특정해서 손가락으로 가르키는 사람도 있다. 자신이 그 사건에 입찰한다고 소문내는 꼴이다. 그간의 노력을 작은 실수로 모두 날리기엔 너무 아깝지 않은가?

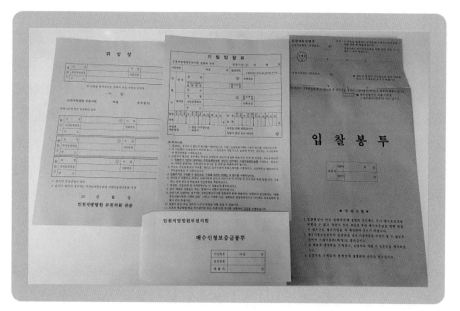

입찰법정에 구비된 서류들

두 번째, 첨부서류의 흠결이다.

법인 입찰자가 법인등기부등본을 첨부하지 않는 경우, 대리인이 입찰을 하면서 위임장이나 인감증명서를 첨부하지 않은 경우, 첨부서류의 유효기간이 지난 경우 등이다. 법인등기부등본의 사본을 제출하는 경우도본적이 있다. 당연히 무효이다. 집행관은 개찰 과정에서 첨부서류의 보완을 받아주지 않는다. 안일하게 생각할 사안이 아니다.

세 번째, 입찰보증금을 부족하게 제출한 경우이다. 넘치면 돌려주지만 1원이라도 부족하면 무효이다.

네 번째, 신청 시기를 놓치면 안 되는 공유자 우선 매수신청, 차순위매수 신청은 집중해야 한다.

공유자가 매각기일 당일 우선 매수신청을 하는 경우 우선 매수신청을 하는 시간은 정말 짧다. 당해 사건의 최고가매수신고인이 결정되고 집행관이 매각의 종료를 고지하기 전에 신청하여야 한다. 물론 입찰표, 입찰보증금, 부동산등기부등본, 주민등록등본 또는 초본을 준비하여야 한다. 부동산등기부등본은 반드시 매각기일(입찰일)에 발급한 제출용 부동산등기부등본을 준비하여야 한다. 첨부서류를 구비하지 않은 공유자 우선 매수신청은 무효이다. 미리 꼼꼼히 준비하여야 한다. 반드시 매각이 시작되기 전 집행관에게 준비서류와 우선 매수신청 시기에 대하여 확인을 하라.

최고가매수신청인이 되지 못했지만 정말 필요한 물건이라면 차순위매수신고를 한 후 최고가매수신고인과 협상을 하는 것도 방법이다. 차순위매수신청도 공유자 우선 매수신청과 같이 집행관이 매각의 종료를 고지하기 전에 하여야 한다. 단 차순위매수신고액이 최고가매수신고액에서 입찰보증금을 뺀 금액을 넘는 때에만 할 수 있다. 그러한 금액이면 최고가매수신고인의 보증금을 몰수하여 배당재산에 편입시킬 때 채권자나 채무자 등 이해관계인에게 불이익이 없기 때문이다. 아래 사례의 경우 차순위매수신고액은 최고가매수신고인 393,000만 원에서 입찰보증금 32,070만 원을 뺀 금액 360,930만 원 이상이어야 한다. 차순위매수신고인의 입찰가는 372,000만 원이므로 요건에 부합한다.

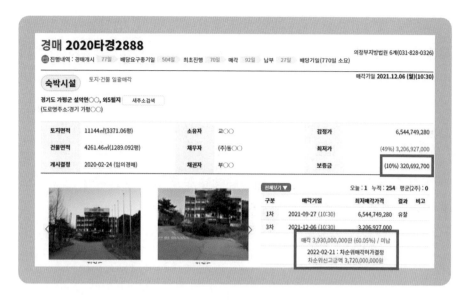

차순위매수신고를 한 사람이 둘 이상인 때에는 신고한 매수가격이 높은 사람을 차순위매수신고인으로 정한다. 차순위매수신고인의 입찰보증금은 법원에 귀속되며, 최고가매수인이 대금을 완납한 때에 돌려받을 수 있다. 그리고 경매신청을 취하하는 경우 최고가매수신고인 뿐만 아니라 차순위매수신고인의 동의도 받아야 취하의 효력이 생긴다.

매각과정을 주관하는 집행관은 상상 이상 꼼꼼하다. 첨부된 인감증명서 상의 인영과 입찰표나 위임장에 날인된 인영을 비교한 후 인영 간 글자의 간격이 다르다는 이유로 무효처리 하기도 하며, 입찰보증금으로 제출된 수표에 지점장의 날인이 빠졌다는 흠결을 지적하는 경우도 본적 있다. 은행의 과실로 입찰자가 피해를 보는 억울한 상황인데, 다행히 입찰장 내에서 다른 수표로 보정하여서 입찰이 무효로 되는 불상사를 피하였다.

공동입찰자가 40명이 넘는 대리인 입찰에서 모든 인영을 꼼꼼히 비교하여 하나의 인영이 다르다는 이유로 무효처리하는 경우도 있었다.

필자도 법인입찰을 하는 과정에서 무엇에 홀린 듯 법인등기부등본을 제출하지 않은 경우가 있었다. 개찰결과는 단독입찰이었으나 첨부서류 미비를 이유로 무효처리되었기에 유찰되었다. 오기가 발동하여 다음 매각기일에 입찰하여 이전에 기입하였던 입찰금액보다 높여서 작성하였으나, 낙찰받지 못했다. 그 쓰라림 이후로 루틴을 더욱 견고히 다지고 있다.

이런 경우도 있었다. 1등이 인감증명서 불제출로 무효처리, 2등이 입찰보증금 부족으로 무효처리, 3등이 법인등기부등본 미제출로 무효처리되었고 4등이 최고가매수인이 되는 경우를 현장에서 본적이 있다. 최고가매수신고인은 그해의 운을 그날 다 쓴 것으로 생각된다.

방심하면 실수한다. 거기에 따라 감당해야 하는 손해는 수업료치고는 너무 비싸다. 신중에 신중을 기해야 한다.

제6원칙 루틴이 방패다.

루틴의 필요성에 관련하여 많은 서적과 동영상이 있다. 루틴은 당신의 시간과 에너지를 지키고, 리스크를 관리한다. 필자가 지키는 루틴을 소개하겠다.

첫 번째, 물건선정 시 경매신청한 채권의 청구금액과 경매물건과 관련된 채권의 전체 금액을 확인한다. 경매신청 채권의 금액이 현저히 작거나, 전체 채권의 액수가 물건의 시세와 비교하여 너무 작은 경우, 경매물건이 좋아 보일지라도 관심의 비중을 낮춘다.

왜냐하면 그러한 물건들은 경매가 취하되거나, 취소될 가능성이 높기 때문이다.

매각기일 전에 경매가 종료되거나, 낙찰받았다 하더라도 경매가 취소될 가능성이 높기 때문이다. 경매신청채권이 현저히 작은 경우는 추가 대출로 경매신청채권을 변제할 여지가 있으며, 전체 채권의 액수가 물건의 시세보다 너무 작은 경우는 낙찰자가 매수대금을 납부하기 전까지 매매가 진행될 여지가 있다. 그 방법에 대하여는 '타자는 입찰에서 떨어져도 내 것으로 만든다' 에서 설명하기로 한다.

따라서 너무나 매력적인 물건인데 위 조건에 해당된다면 경매로 낙찰받기가 더 어렵다고 생각하면 된다. 이런 물건을 낙찰받겠다고 권리분석,

현장조사, 입찰참여에 애써봤자 결과물을 취득하기 어렵다. 소중한 시간과 비용만 낭비할 확률이 상당히 높다.

아래의 사안은 강제경매로 진행 중인 상가주택경매이다. 이 상가주택의 전체채무와 감정가를 비교해보라.

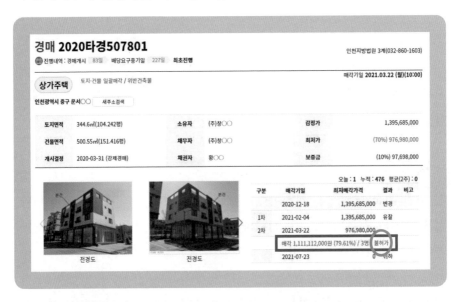

이 경매 건은 경매신청채권자가 전세권자와 임차인이고, 근저당권부 채권까지 포함한 전체채권액이 감정평가액보다 적다. 이 경매건은 낙찰되었지만 결국 매각불허가 되었을 뿐만 아니라 최종적으로 경매가 취하되었다.

송달내역에 채무자, 소유자가 서류열람신청을 자주 하였거나, 재감정신청을 하였거나, 집행정지신청을 한 내역이 있다면 채무자, 소유자가 그 부동산물건에 대하여 애정이 있다는 반증이다. 경매를 어떻게든 종료하려 할 것이다.

2021.02.01	채무자겸소유자 주○○○ ○○ 매각기일연기신청서 제출
2021.02.01	채무자겸소유자 주○○○ ○○ 재감정의뢰서 제출
2021.02.03	근저당권자 남○○○○○○○ 채권계산서 제출
2021.02.04	집행관 강○○ 기일입찰조서 제출
2021.02.16	감정인 (주)○○○○○○○○ ○○○○ 감정평가 의견 조회 회신 제출
2021.03.22	집행관 강○○ 기일입찰조서 제출
2021.03.23	채무자겸소유자 주○○○ ○○ 열람및복사신청 제출
2021.03.25	채무자겸소유자 주○○○ ○○ 강제집행정지신청서 제출
2021.03.31	최고가매수신고인 열람및복사신청 제출
2021.03.31	최고가매수신고인 매수보증금환급신청서 제출

두 번째, 입찰장으로 이동하기 전에 반드시 대법원 경매사이트를 통하여 기일변경, 취하, 취소 여부를 확인한다. 대법원 경매사이트 매각기일 현황에 변동사항이 기재되지 않은 경우에도 송달 내역 상에서 매각기일에 앞서 채권자의 기일변경신청서가 접수되었거나, 집행정지신청서 또는 취하서, 취소 신청서가 접수된 경우, 매각기일 당일 법원 입찰장 공고문에 매각이 진행되지 않는다는 내용이 붙어있을 수 있다.

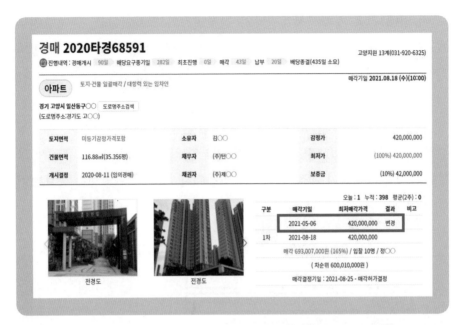

경매 **2020타경68591**

고양지원 13계(031-920-6325)

진행내역 : 경매개시 90일 · 배당요구종기일 282일 · 최초진행 0일 · 매각 43일 · 납부 20일 · 배당종결(435일 소요)

매각기일 2021.08.18 (수)(10:00)

아파트 토지·건물 일괄매각 / 대항력 있는 임차인

경기 고양시 일산동구○○ [도로명주소검색]
(도로명주소:경기도 고○○)

토지면적	미등기감정가격포함	소유자	김○○	감정가	420,000,000
건물면적	116.88㎡(35.356평)	채무자	(주)탄○○	최저가	(100%) 420,000,000
개시결정	2020-08-11 (임의경매)	채권자	(주)제○○	보증금	(10%) 42,000,000

오늘 : 1 누적 : 398 평균(2주) : 0

구분	매각기일	최저매각가격	결과	비고
	2021-05-06	420,000,000	변경	
1차	2021-08-18	420,000,000		

매각 693,007,000원 (165%) / 입찰 10명 / 정○○
(차순위 600,010,000원)

매각결정기일 : 2021-08-25 - 매각허가결정

전경도   전경도

문건처리내역

접수일	접수내역
2020.08.13	등기소 고0000 등기필증 제출
2020.08.23	집행관 조00 현황조사보고서 제출
2020.08.24	집행관 조00 현황조사보고서 제출
2020.08.28	배당요구권자 오00 권리신고 및 배당요구신청서 제출
2020.08.31	감정인 (주)00000000 0000 회보서 제출
2020.10.23	교부권자 고00 0000 미체납교부청구서 제출
2020.11.27	채권자 주00 0000 공시송달 신청서 제출
2021.03.10	작성자 방00 사실조회회신 제출
2021.05.04	채권자 주000 0000 기일연기 신청서 제출

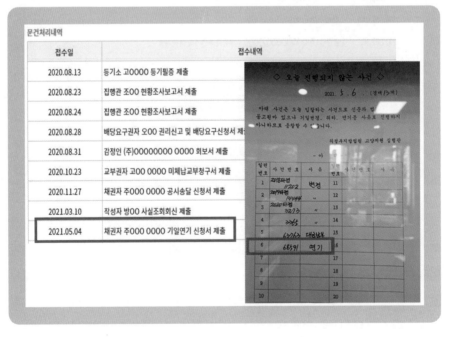

만일 장거리 입찰장을 가는데 확인절차를 거치지 않았을 경우 벌어질 수 있는 불상사를 상상해보라! 그리고 대법원 경매사이트를 확인했다 하더라도 입찰장에 도착하면 입찰장 앞 공고판을 꼭 확인해야 한다. 법원이 직권으로 매각을 연기하는 경우도 있기 때문이다. 만일 공고판을 확인하지 않으면 개찰의 시작과 동시에 집행관이 가장 먼저 당신을 찾을 것이다. "이 사건은 오늘 진행하지 않는다" 며 입찰봉투를 건넬 것이고 수많은 사람들의 이목을 제대로 받을 것이다.

세 번째, 낙찰 받은 경우 당일 처리할 업무를 미루지 않는다. 우선 특수물건을 낙찰 받은 경우 경매계를 방문하여 법원에 접수된 서류를 열람한다. 최고가매수신고인의 지위에서 유치권신고의 내용, 임차인이 신고한 배당요구서 및 첨부된 임대차계약서, 이해관계인이 제출한 서류 등 법원에 제출된 모든 서류의 열람이 가능하다. 다만 매각절차를 주관한 집행관 사무실에서 서류가 경매계로 이관되는데 일정 시간이 소요되므로 기다림이 필요할 수 있다. 어떤 경우는 경매계에서 다음날 방문하라고 종용하기도 한다. 그러나 장거리 입찰을 한 경우 시간, 비용, 에너지의 효율상 당일 마무리를 지어야 한다. 경매계에 사정을 이야기하면 늦게라도 열람이 가능하다.

또 하나의 예시는 농지취득자격증명원을 바로 신청하는 것이다. 매각허가결정 전까지 농취증을 제시하지 못하면 입찰보증금이 몰취 당하는 불이익을 당한다. 결국 7일의 기한인데 그 중 토, 일요일을 제외하고, 휴일이 중간에 있으면 빠듯한 시간이다.

네 번째, 상가의 임장은 주택의 임장보다 2배 이상 신경을 써야한다. 상권과 입지파악을 위해 배후세대, 동선을 우선 확인하기 위하여 주, 야간 및 주중, 주말에도 임장을 한다. 상가노출도를 확인하기 위해 간판의 위치 및 크기를 확인한다. 방문하는 부동산의 수도 늘린다. 그리고 임차가 마땅한 업종을 파악하며, 임대차가 장기간 안 될 경우도 상정하여 대비책을 머릿속에 그려본다. 상가는 주택보다 예민하다. 그렇기에 디테일에 더욱 신경써야 한다.

제7원칙 너무 핫한 녀석은 다리품도 안 나온다.

아래 경매사건의 입찰자를 한번 보라. 엄청난 숫자이다.

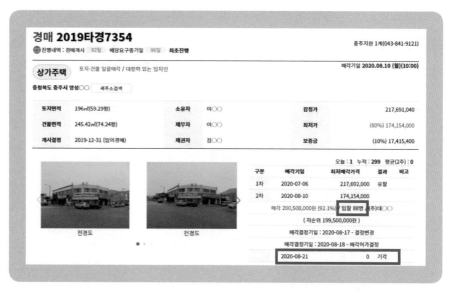

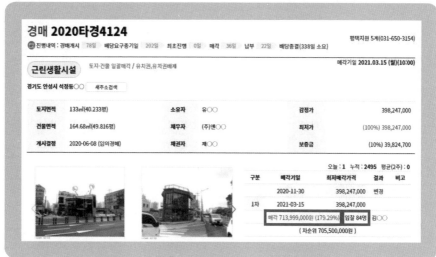

유명 유튜버 송 사무장, 경매 대마왕 채널에서 소개했던 경매물건이다. 그러니 입찰자의 수가 어마어마한 것이다. 이런 경매건과 인연을 맺는 것은 하늘의 별 따기이다.

그리고 개발 호재의 이슈가 막 터진 지역의 물건도 낙찰의 확률은 너무 희박하다. 정보의 전달이 빛의 속도만큼 빠르기 때문이다. 내 눈에만 좋아 보이겠는가? 압도적인 입찰가를 쓸 생각이 아니라면 차비를 아끼는 편이 나을 것이다. 충주 경매건의 경우 88명의 경쟁자를 뚫고 낙찰되었지만 결국 경매가 기각되었다.

제8원칙 운에 다가가라.

　운칠기삼이라는 말을 다들 들어보셨을 것이다. 노력하는 자에게 운이 따를 가능성이 높지만, 실력이 아무리 좋아도 운이 좋은 사람을 이기기 힘들다.

　경매에도 운칠기삼이 적용된다. 예를 들면 다수의 입찰이 예상되는 아파트 경매에서 단독입찰로 낙찰되는 경우, 1, 2, 3등의 입찰이 무효가 되어 4등이 최고가매수인이 되는 경우, 명도절차가 예상되었으나 막상 개문하니 명도가 필요 없고 인테리어까지 훌륭한 경우, 다소 높은 가격에 낙찰받았는데 예상 밖 개발 호재가 발생하는 경우 등이다.

　아래의 경매유형은 운의 도움이 기대된다.

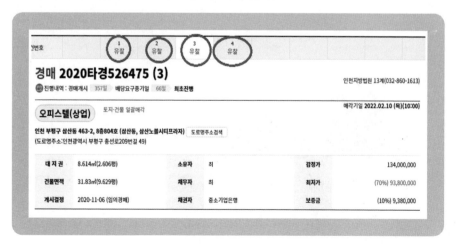

첫 번째, 물건번호가 많은 경매건이다. 예를 들면 오피스텔 한동 전체 또는 여러 호가 경매로 진행되는 건이다.

하나의 사건번호에 물건번호가 많은 경매는 입찰자가 분산된다. 물론 물건번호마다 선호도의 차이로 입찰자가 몰리거나 없을 수 있다. 이 또한 계산을 하고 입찰에 참여하는 것이다. 운이 좋다면 가능성 없는 금액으로 낙찰될 수도 있다.

두 번째, 신건 중 행운을 품은 녀석들이 있다. 아래 경매물건은 1차 매각기일에서 유찰되었다. 1차 매각기일 감정가가 아주 저렴하였다. 부동산 경기 상승기에 흔히 나타나는 현상이다. 한번 유찰되면 들여다보는 사람이 많아진다. 그제서야 1차 매각기일에 입찰하지 않았음을 아쉬워한다. 2차 매각기일의 낙찰가를 보라 감정가보다 1억 이상 높은 금액에 낙찰되었다.

세 번째, 재경매이다. 재경매란 최고가매수인이 잔금을 납부하지 않아

서 경매가 다시 진행되는 것이다. 재경매의 입찰보증금은 법원에 따라 최저매각가의 20% 이상으로 인상되는 경우가 있다. 재경매가 진행되면 어떤 리스크가 있는 것으로 예상하고 입찰대상 목록에서 빼거나 건성으로 검토하기도 한다. 그런데 자세히 들여다보면 리스크가 없는 경우도 있다.

운칠기삼이다. 기가 삼이다. 입찰장에 참여하는 수고를 하여야 행운이 따르는 것이다. 입찰장에도 가지 않은 자는 운을 논할 자격이 없다.

제9원칙 권리분석이라는 태산에 막히지 마라.

많은 경매 초심자들이 권리분석이라는 문턱을 넘지 못하고 멈춘다. 초심자 중에는 공인중개사 공부가 도움이 되는지 묻기도 한다. 전혀 그럴 필요가 없다. 모든 일을 처음부터 완벽하게 이루려면 중도에 지치기 십상이다. 핵심만 공부하고 사례별로 확인하는 방법을 추천한다.

권리분석이란 낙찰금 외 인수하는 부분을 사전에 확인하는 절차이다. 잔금 납부와 동시에 등기부상의 부담이 소멸되어야 마땅하다. 그렇지 않으면 자본주의의 정리절차인 경매에 누가 참여하겠는가? 소멸의 기준이 되는 권리를 소위 "말소기준권리"라고 칭한다. 말소기준권리는 매각물건명세서에 "최선순위설정"으로 표시되어 있고 그 보다 후 순위 권리는 소멸되고, 그 보다 선 순위 권리는 인수되는 것이다.

따라서 말소기준권리보다 선 순위로서 대항요건을 갖춘 임차인, 말소기준권리보다 선 순위 용익권(지상권, 전세권, 지역권), 말소기준권리보다 선 순위인 가처분, 임차권등기는 인수된다.

중요한 것은 예외적으로 인수되는 권리를 파악하는 것이다. 인수되는 사항에 대하여 기재한 매각물건명세서의 비고란을 꼼꼼히 보는 습관을 들여야 한다. 권리분석은 사례를 놓고 연습하여야 실수를 줄인다. 각 권리별로 살펴보기로 한다.

매각물건명세서

사 건	2019타경18258 부동산임의경매		매각물건번호	1	작성일자	2020.07.28	담임법판(사법보좌관)		류	
부동산 및 감정평가액 최저매각가격의 표시	별지기재와 같음		최선순위 설정	2019.1.17. 근저당권			배당요구종기		2019.10.22	

부동산의 점유자와 점유의 권원, 점유할 수 있는 기간, 차임 또는 보증금에 관한 관계인의 진술 및 임차인이 있는 경우 배당요구 여부와 그 일자, 전입신고일자 또는 사업자등록신청일자와 확정일자의 유무와 그 일자

점유자 성 명	점유 부분	정보출처 구 분	점유의 권 원	임대차기간 (점유기간)	보증금	차임	전입신고 일자, 사업자등록 신청일자	확정일자	배당 요구여부 (배당요구일자)
조		현황조사	주거 임차인				2018.12.10		
	701호 전부	권리신고	주거 임차인	2018.12.10.~2020.12.09.	160,000,000		2018.12.10.	2018.11.27.	2019.10.11

< 비고 >

조 :2019.12.17.채권자는 점유자 조' 의 실제 보증금이 15,000,000원, 월 차임 500,000원 임에도 임대차계약서를 위조하여 권리신고 및 배당요구서를 제출하였다는 이유로 배당배제 신청서를 제출함.

※ 최선순위 설정일자보다 대항요건을 먼저 갖춘 주택·상가건물 임차인의 임차보증금은 매수인에게 인수되는 경우가 발생 할 수 있고, 대항력과 우선변제권이 있는 주택·상가건물 임차인이 배당요구를 하였으나 보증금 전액에 관하여 배당을 받지 아니한 경우에는 배당받지 못한 잔액이 매수인에게 인수되게 됨을 주의하시기 바랍니다.

등기된 부동산에 관한 권리 또는 가처분으로 매각으로 그 효력이 소멸되지 아니하는 것

매각에 따라 설정된 것으로 보는 지상권의 개요

비고란

재매각임. 매수신청보증금 30%임.

유치권은 등기부에 기재되지 않는 권리이지만 말소기준권리의 선후와 상관없이 인수될 수 있다. 유치권의 요건을 갖추었는가로 판단한다.

토지와 건물이 따로 경매의 대상물이 될 때는 항상 법정지상권의 부담과 건물철거 및 토지인도청구권이 문제된다. 건물철거 및 토지인도청구권을 위한 가처분이 특이한 이유는 말소기준권리 이후 설정되어도 인수된다는 것이다.

말소기준권리 이전에 설정된 전세권은 인수하여야 한다. 다만 최선순위전세권이라 하더라도 전세권자가 경매신청을 하였을 경우, 배당요구를

한 경우 전세권은 소멸된다. 다만 임차권과 전세권이 중복될 경우 조심하여야 한다. 별개의 권리이기 때문이다.

주택임대차보호법상 임차인으로서의 지위와 전세권자로서의 지위를 함께 가지고 있는 자가 그 중 임차인으로서의 지위에 기하여 경매법원에 배당요구를 하였다면 배당요구를 하지 아니한 전세권에 관하여는 배당요구가 있는 것으로 볼 수 없다고 할 것이다 (대법원 2010. 6. 24. 선고 2009다40790 판결). 반대로 전세권은 소멸되었다 하더라도 대항력이 남아있어 인수될 수 있는 경우도 있다.

가등기는 소유권이전청구권보전을 위한 가등기인지 담보가등기인지 여부에 따라 달라진다. 담보가등기는 순위에 상관없이 소멸된다. 그러나 청구권보전을 위한 가등기가 최선순위로 설정된 경우에는 말소되지 않고 인수해야 한다. 청구권보전을 위한 가등기가 선순위일 경우에는 낙찰자가 소유권이전을 완료했다 하더라도 후에 가등기권리자가 가등기에 기한 본등기를 하게 되면 낙찰자는 소유권을 상실한다. 따라서 입찰전 최선순위 가등기의 성질이 무엇인지 확인을 하여야 한다.

사실 경매물건에 등장하는 청구권보전을 위한 가등기는 작전으로 보이는 경우가 상당히 많다. 전형적인 예가 최선순위 임대차계약 후 소유권이전청구권 가등기를 설정한 경우와 지분을 낙찰받고 그 지분에 소유권이전청구권 가등기를 설정하는 경우이다. 작전으로 의심이 된다 하더라도 허위임을 입증하는 것은 녹록지 않다.

임차인이 등장하는 경우 초심자들이 실수를 많이 하는 파트이므로 "임차인이 등장하면" 장에서 따로 설명하기로 한다.

사실 초심자들은 위에 등장하는 단어 자체가 어려울 수 있다. 단어 의미를 체화시키려면 시간과 노력이 들어갈 수 밖에 없다. 그런데 사례를 통해서 접근하면 생각보다 빨리 익힐 수 있으므로 절대 위축되지 않기를 바란다.

민사집행법 제145조(매각대금의 배당)

①매각대금이 지급되면 법원은 배당절차를 밟아야 한다.

②매각대금으로 배당에 참가한 모든 채권자를 만족하게 할 수 없는 때에는 법원은 민법·상법, 그 밖의 법률에 의한 우선순위에 따라 배당하여야 한다.

민사집행법은 배당순위에 대하여 위와 같이 간결히 규정하고 있다. 민사집행법에 따라서 각 법률에 의해서 배당의 순위를 아래의 표와 같이 정리할 수 있다.

1순위	집행비용(경매신청비용)
2순위	부동산을 위한 필요비, 유익비
3순위	소액임차보증금, 최우선 임금 및 퇴직금
4순위	당해세(상속세, 증여세, 재산세 등)
5순위	저당권, 전세권 등 담보물권, 우선변제권을 갖춘 임차인
6순위	3순위 외 임금채권
7순위	담보물권보다 늦은 국세, 지방세
8순위	공과금(건강보험료, 국민연금, 산업재해보험료)
9순위	일반채권

그런데 위 배당순위표를 외운다 하더라도 막상 실전에서 위 배당순서를 적용할 수 있을까? 과연 배당의 순서가 낙찰자에게 어떤 효과를 미치는지 알고 있는가? 채무자나 소유자가 점유하는 주택의 경매에 입찰하면서 위 배당순서까지 검토하여야 하는가? 경매물건에 임하는 모든 순간에 순위배당, 안분배당, 안분후 흡수배당을 알아야 하는 것은 아니다.

책으로 완벽히 이해했다 생각했는데 막상 시험에서 당황한 경험이 있었을 것이다. 사례 없는 공부는 휘발성이 너무 강하다. 꼭 물건을 검색하면서 공부하시라.

태산이라도 난공불락은 아니다. 자신에게 맞는 공략법을 찾기 바란다. 권리분석의 모든 영역을 알아야 수익이 나는 것이 아니다. 태산을 이루는 작은 언덕부터 각개전투하여도 충분히 수익달성이 가능하다.

제10원칙 보이는대로 보지마라.

보이는대로 보면 큰 낭패를 보거나, 숨은 보석을 찾을 수 없다. 사례로 설명을 이어간다.

아래의 사례는 다세대로 보이지만, 실질은 다세대가 아니다. 이런 물건이 상당히 많은데 그 이유는 주차장 요건을 맞추기 위해 편법이다.

사진을 보면 명백히 주택으로 보인다. 하지만 실질은 근린생활시설이

다. 대장을 확인해야 한다. 무단용도변경으로 위반건축물이라는 딱지가 붙어 있다.

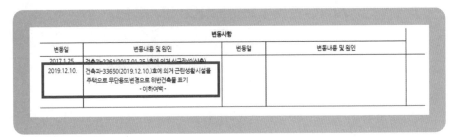

아래의 사례는 숙박시설로 보이지만 실질은 다가구주택이다.

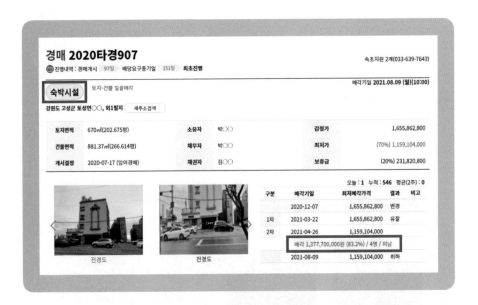

실체파악을 위해서 건축물대장을 확인하여야 한다. 대장에 다가구주택으로 등재되어 있는데 숙박시설로 변칙 운영하고 있는 것이다. 이런 물건은 대출이 어렵다. 13억을 대출없이 대금을 완납하기란 만만치 않을 것이다. 다행히 취하작업으로 탈출한 것으로 보인다.

구분(목록)	소재지	층	현황	구조	면적	㎡당 단가	감정가	비고
건물	천○○	1층	주차장 및 계단실	철근콘크리트조 및 철근콘크리트벽식 구조 슬래브지붕	19.73㎡ (5.968평)	448,000원	8,839,040원	사용승인일:2004-05-21
건물	천○○	2층	객실,7개호	철근콘크리트조 및 철근콘크리트벽식 구조 슬래브지붕	212.28㎡ (64.215평)	714,000원	151,567,920원	* 심야전기보일러에 의한 난방 사용승인일:2004-05-21
건물	천○○	3층	객실,6개호	철근콘크리트조 및 철근콘크리트벽식 구조 슬래브지붕	212.28㎡ (64.215평)	714,000원	151,567,920원	* 심야전기보일러에 의한 난방 사용승인일:2004-05-21
건물	천○○	4층	객실,4개호	철근콘크리트조 및 철근콘크리트벽식 구조 슬래브지붕	212.28㎡ (64.215평)	714,000원	151,567,920원	* 심야전기보일러에 의한 난방 사용승인일:2004-05-21
			계		656.57㎡ (198.612평)		463,542,800원	

참고사항	* 제시외 건물 포함 * 공부상 다가주주택이나 펜션으로 사용 중 * 천진리 176-2 2호) 1층 동측면 주차장으로 되어 있으나 바베큐시설로 사용중(샤시구조 차단막 있음) * 천진리 176-2 2호) 옥상에 통신사 중계기 존재(매각에서 제외) * 본건 건물은 숙박시설(상호"드림힐펜션")로 이용중임. ▶ 2020타경976 감정원:늘봄, 가격시점:2020.08.28 ▶본 물건은 공부상과 현황상 물건 상태가 다르니 확인하시고 입찰하시기 바랍니다.

아래의 사례는 원룸으로 보이지만, 주차장이다.

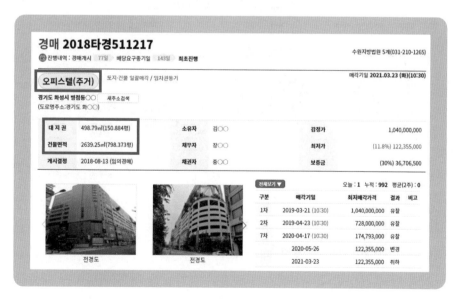

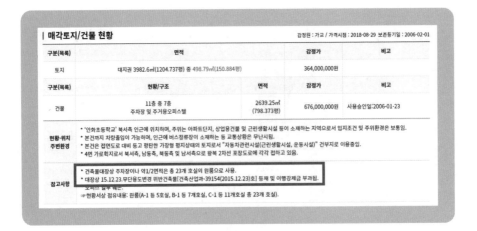

아래의 사례는 도로가 개설된 것으로 보이지만 맹지이다.

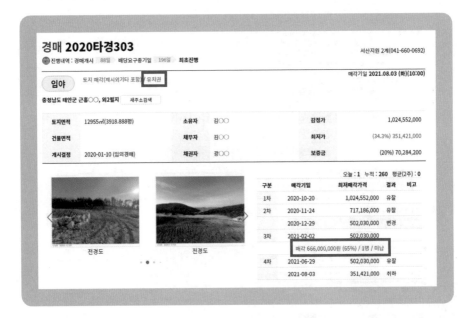

사진상 시멘트 도로가 보인다. 하지만 도로가 아니라 사유지이다. 경매대상물에 위 오른쪽 도면의 노란색 부분은 포함되지 않았다. 통상 전원주택단지를 개발하여 분양할 때 노란색 부분을 지분으로 나누어 각 분양토지와 함께 분양한다. 위 맹지의 해결이 불가능한 것은 아니지만 대출상 어려움이 불가피하고 개발행위를 진행하는데 장애요소인 것이다.

　이상과 같은 위험요소들을 모르고 낙찰받으면 일단 대출에서 어려움을 격고, 위법건축물로서 이행강제금 부담을 지고, 개발행위가 제한된다.

보이는대로 보면 안되는 이유이다.

　반면 낡고 허름하고 하자 덩어리로 보이는 물건도 숨겨진 장점이 있고, 활용방안이 있을 것이다. 다만 우리 눈에 보이지 않는 것이다. 맹지의 임야로 보이지만 새롭게 탄생한 부동산에 관해서 다음 제11원칙 '부동산은 꾸미기 나름' 에서 살펴보겠다.

제11원칙 부동산은 꾸미기 나름이다. (맹지 활용)

후면 사진은 낡고 허름한 건물이고, 전면 사진은 세련된 건물이다. 그런데 이 두 사진은 하나의 건물을 찍은 것이다.

후면 사진을 보아도 전면 사진을 머릿속에 그려야한다. 후면 사진으로만 뇌가 인식하면 숨은 보석을 찾을 수 없다. 보이는대로 보지말자

다음 사례는 고양시 임야경매이다. 맹지의 임야로 보인다. 그런데 어떻게 탈바꿈하는지 살펴보겠다.

경매 **2013타경37957**

고양지원 2계(031-920-6312)

진행내역 : 경매개시 94일 배당요구종기일 48일 최초진행 70일 매각 33일 납부 27일 배당종결(272일 소요)

임야 토지 매각

매각기일 2014.05.01 (목)(10:00)

경기도 고양시 덕양구○○   새주소검색

토지면적	18646㎡(5640.415평)	소유자	우○○	감정가	559,380,000
건물면적		채무자	우○○	최저가	(49%) 274,096,000
개시결정	2013-10-01 (임의경매)	채권자	공○○	보증금	(10%) 27,409,600

전체보기 ▼   오늘:1 누적:5 평균(2주):0

구분	매각기일	최저매각가격	결과	비고
1차	2014-02-20	559,380,000	유찰	
3차	2014-05-01	274,096,000		

매각 341,100,000원 (60.98%) / 입찰 2명 / 인천 문○○

(차순위 277,092,000원)

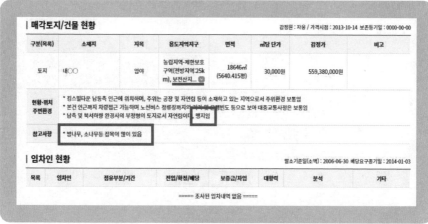

| 매각토지/건물 현황

감정원: 자용 / 가격시점 : 2013-10-14 보존등기일 : 0000-00-00

구분(목록)	소재지	지목	용도지역지구	면적	㎡당 단가	감정가	비고
토지	내○○	임야	농림지역-제한보호구역(전방지역25km), 보전산지...	18646㎡(5640.415평)	30,000원	559,380,000원	

현황·위치 주변환경	* 킹스빌타운 남동측 인근에 위치하며, 주위는 공장 및 자연림 등이 소재하고 있는 지역으로서 주위환경 보통임 * 본건 인근까지 차량접근 가능하며 노선버스 정류장까지의 거리 및 운행빈도 등으로 보아 대중교통사정은 보통임 * 남측 및 북서하향 완경사의 부정형의 토지로서 자연림이며, 맹지임
참고사항	* 밤나무, 소나무등 잡목이 많이 있음

| 임차인 현황

말소기준일(소액) : 2006-06-30 배당요구종기일 : 2014-01-03

목록	임차인	점유부분/기간	전입/확정/배당	보증금/차임	대항력	분석	기타

===== 조사된 임차내역 없음 =====

맹지란 도로가 없는 땅으로 행위의 제한이 많다. 그렇기에 인기가 없지만 2명이 입찰하였다. 다음 사진이 입찰 당시의 감정평가서상 사진이다.

2013타경 37957

그런데 현재는 아래와 같이 변하였다. 맹지라는 제한이 있었는데 어떻게 이렇게 탈바꿈하였을까?

과정은 이렇다. 임야의 낙찰자는 맹지를 해결하는 방법으로 임야와 인접한 아래의 공장을 낙찰받는다.

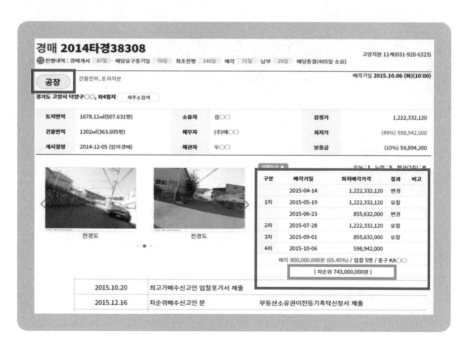

낙찰받는 과정에서 차순위였지만 차순위매수신고 이후 최고가매수신고인과 합의하여 공장을 취득한 것이다. 공장을 취득함으로써 맹지가 해결되고 임야의 가치가 상승한다. 어떻게든 공장을 취득하여야 하기에 차순위매수신고를 한 것이다. 최고가매수신고인에게 지급한 합의금액은 임야가치의 상승에 비하면 미미한 것이다.

맹지가 해결되었으니 개발행위가 가능하다. 도로를 개설하고 창고를 건축한 것이다.

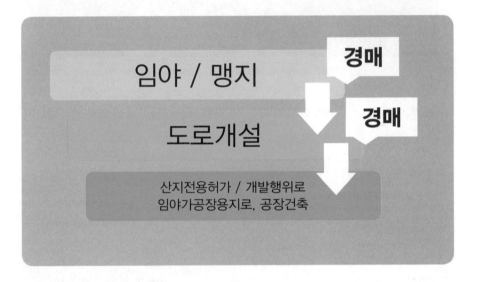

초짜의 눈에는 맹지의 임야로 보이지만 타짜의 눈은 개발 이후 모습을 보았을 것이다.

보이는대로 보지말자. 그런 안목을 가지려면 많이 알고 경험하여야 한다. 아는 만큼 보인다고 하지 않는가?

제12원칙 상대의 패를 보려면 판돈을 걸어야 한다.

(허위임차인, 과잉경매)

부동산경매의 입찰자가 열람 가능한 서류는 매각물건명세서, 현황조사서, 감정평가서 정도이다. 그런데 위 서류만으로 입찰 여부를 결정하기 어려운 경매들이 제법 있다. 채권자가 경매신청서를 법원에 접수하여 경매개시결정이 난 이후 이해관계인들이 제출하는 다양한 서류들이 있다. 임차인의 배당요구서, 유치권자의 유치권 신고서, 채권자나 소유자의 배당배제신청서와 첨부된 서류 등이다. 하지만 당해 경매사건의 이해관계인이 아닌 입찰자는 위 서류들을 볼 수 없다. 위 서류의 열람은 법에서 정한 이해관계인들만 가능하다.

참조조문

민사집행법 제90조(경매절차의 이해관계인) 경매절차의 이해관계인은 다음 각호의 사람으로 한다.

1. 압류채권자와 집행력 있는 정본에 의하여 배당을 요구한 채권자
2. 채무자 및 소유자
3. 등기부에 기입된 부동산 위의 권리자
4. 부동산 위의 권리자로서 그 권리를 증명한 사람

참조조문

부동산등에 대한 경매절차 처리지침(재민 2004-3) 제53조 (경매기록의 열람·복사)

① 경매절차상의 이해관계인(민사집행법 제90조, 제268조) 외의 사람으로서 경매기록에 대한 열람·복사를 신청할 수 있는 이해관계인의 범위는 다음과 같다.

1. 파산관재인이 집행당사자가 된 경우의 파산자인 채무자와 소유자
2. 최고가매수신고인과 차순위매수신고인, 매수인, 자기가 적법한 최고가 매수신고인 또는 차순위매수신고인임을 주장하는 사람으로서 매수신고시 제공한 보증을 찾아가지 아니한 매수신고인
3. 민법·상법, 그 밖의 법률에 의하여 우선변제청구권이 있는 배당요구 채권자
4. 대항요건을 구비하지 못한 임차인으로서 현황조사보고서에 표시되어 있는 사람
5. 건물을 매각하는 경우의 그 대지 소유자, 대지를 매각하는 경우의 그 지상 건물 소유자
6. 가압류채권자, 가처분채권자(점유이전금지가처분 채권자를 포함한다)
7. 「부도공공건설임대주택 임차인 보호를 위한 특별법」의 규정에 의하여 부도임대주택의 임차인대표회의 또는 임차인 등으로부터 부도임대주택의 매입을 요청받은 주택매입사업시행자

입찰자는 대법원 부동산경매 인터넷 사이트를 통하여 송달내역을 확인할 수 있는데 그 송달내역으로 꼬여있는 경매물건을 해결할 단초를 찾는 경우도 있다.

아래 경매물건은 안산에 위치한 오피스텔에 대한 경매이다. 이 건에 대하여 입찰자의 접근방식과 채무자의 노하우 두 가지에 대하여 언급한다.

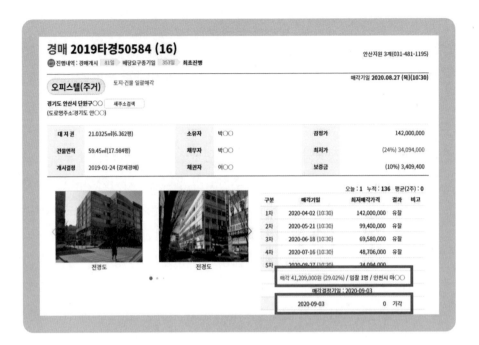

경매 **2019타경50584 (16)**

안산지원 3계(031-481-1195)

진행내역: 경매개시 **81일** 배당요구종기일 **353일** **최초진행**

매각기일 **2020.08.27 (목)(10:30)**

오피스텔(주거)   토지·건물 일괄매각

경기도 안산시 단원구○○   새주소검색
(도로명주소:경기도 안○○)

대 지 권	21.0325㎡(6.362평)	소유자	박○○	감정가	142,000,000
건물면적	59.45㎡(17.984평)	채무자	박○○	최저가	(24%) 34,094,000
개시결정	2019-01-24 (강제경매)	채권자	이○○	보증금	(10%) 3,409,400

오늘:**1** 누적:**136** 평균(2주):**0**

구분	매각기일	최저매각가격	결과	비고
1차	2020-04-02 (10:30)	142,000,000	유찰	
2차	2020-05-21 (10:30)	99,400,000	유찰	
3차	2020-06-18 (10:30)	69,580,000	유찰	
4차	2020-07-16 (10:30)	48,706,000	유찰	
5차	2020-08-27 (10:30)	34,094,000		

매각 41,209,000원 (29.02%) / 입찰 1명 / 인천시 마○○
매각결정기일 : 2020-09-03

| 2020-09-03 | 0 | 기각 |

위 오피스텔 경매건은 물건번호가 무려 44번까지 되는 경매이고, 위 오피스텔의 임차인이 임차보증금을 회수하기 위하여 경매를 신청한 것이다. 유찰이 수차례 되었으나, 임차인의 대항력이 문제되는 사안이다.

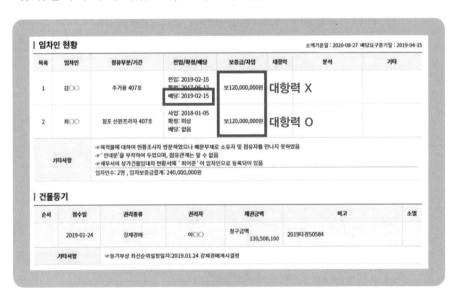

| 임차인 현황

소액기준일 : 2020-08-27 배당요구종기일 : 2019-04-15

목록	임차인	점유부분/기간	전입/확정/배당	보증금/차임	대항력	분석	기타
1	김○○	주거용 407호	전입: 2019-02-15 확정: 2017-06-13 배당: 2019-02-15	보120,000,000원	대항력 X		
2	최○○	점포 신원프라자 407호	사업: 2018-01-05 확정: 미상 배당: 없음	보120,000,000원	대항력 O		

기타사항	☞목적물에 대하여 현황조사차 방문하였으나 폐문부재로 소유자 및 점유자를 만나지 못하였음 ☞'안내문'을 부착하여 두었으며, 점유관계는 알 수 없음 ☞세무서의 상가건물임대차 현황서에 '최이준'이 임차인으로 등록되어 있음 임차인수 : 2명 , 임차보증금합계 : 240,000,000원

| 건물등기

순서	접수일	권리종류	권리자	채권금액	비고	소멸
	2019-01-24	강제경매	이○○	청구금액 130,508,100	2019타경50584	

기타사항	☞등기부상 최선순위설정일자:2019.01.24 강제경매개시결정

대항력 있는 임차인과 대항력 없는 임차인이 함께 등장한다. 그런데 대항력 없는 임차인이 배당요구를 하였다. 임차보증금은 동일하다. 그렇다면 대항력 있는 임차인은 점유를 유지하고 있지 않은 것인가? 이런 의구심에서 출발하여 이 물건번호 16의 해결이 가능하지 않을까 라는 강한 심증을 가졌고, 배당요구서에 첨부된 서류를 확인하면 성패를 가늠할 수 있을 것 같았다. 하지만 앞에서 말했듯이 입찰자는 이해관계인이 아니므로 입찰 전에 법원에 제출된 서류를 확인할 수 없다.

확인할 수 있는 방법은 이해관계인이 되는 것이다. 여러 방법이 있지만, 필자가 택한 방법은 최고가매수인이 되는 것이다. 낙찰자가 되는 당일 법원서류를 열람할 수 있다. 열람한 내용에 따라 입찰보증금을 날릴 수도 있지만 상당한 수익을 얻을 수도 있다.

입찰보증금 약 300만 원을 잃을 수 있다는 리스크가 있지만, 열람결과 예상이 맞다면 이익이 상당했다. 그렇게 상대의 패를 보기 위해서 판돈을 밀어 넣었고, 열람결과는 성공이었다.

하지만 이 경매건에 대하여 법원이 과잉경매를 이유로 경매를 기각을 시키는 바람에 수익을 실현할 수 없었다. 입찰보증금만 돌려받고 소주 한 잔 기울이며 씁쓸함을 달랬다. 위 방법 말고 다르게 접근하는 방법이 있으나, 당시 시일이 임박하여 이 방법을 택하였던 것이다.

이 경매건은 과거에 2005타경9077 부동산 임의경매로 진행된 바 있는데 당시 물건의 종류가 오피스텔이 아니라 근린생활시설 사우나로 이용 중이었다. 이를 낙찰받아 현재의 오피스텔로 용도변경을 한 채무자의 안

목과 노하우는 인정할 만하다. 하지만 분양이 녹록지 않았는지 대다수를 전세계약으로 채웠고 또 다시 경매로 진행된 것이었다.

보이는대로 보면 안된다.

제13원칙 기회는 계속 지나간다. (npl의 쉬운 이해)

인생에서 3번의 기회가 지나간다 라는 말이 있다. 필자는 이 명제에 동의하지 않는다. 기회라는 녀석은 강물이 흐르듯 내 주변을 끊임없이 지나간다. 다만 내가 그 기회를 못 보는 것이라고 생각한다.

투자자에게 그 기회라는 것이 채권, 외환, 주식, 비트코인, 금, 미술품, 부동산 등 여러 형태로 존재하고 지나간다. 누군가는 그 기회를 잡을 것이며 누군가는 기회인지 조차 모른다. 몇 년전 생소하던 비트코인을 알고 있었지만 기회로 인지하지 못한 필자는 지금도 방관하고 있을 뿐이다. 반면 기회로 인식하고 시장에 뛰어든 자는 수익을 올리든지 손실을 입든지 결과물을 쥐고 있는 것이다. 결국 기회라는 녀석은 손실과 이익이 버무려진 상태이다.

놓쳐버린 기회 사례 하나를 소개한다. 강남구 자곡동의 오피스텔이다. 대금의 미납이 무려 3번이 있다.

경매 2019타경2989

서울중앙지방법원 3계(02-530-1815)

진행내역 : 경매개시 75일 배당요구종기일 223일 최초진행 560일 매각 106일 배당종결(964일 소요)

오피스텔(주거) 토지·건물 일괄매각 대항력 있는 임차인

매각기일 2021.08.24 (화)(10:00)

서울특별시 강남구 자○○, 외1필지 [새주소검색]
(도로명주소:서울특별○○)

대 지 권	5.202㎡(1.574평)	소유자	이○○	감정가	170,000,000
건물면적	22.444㎡(6.789평)	채무자	이○○	최저가	(26.2%) 44,565,000
개시결정	2019-04-19 (임의경매)	채권자	김○○	보증금	(20%) 8,913,000

전경도　전경도

간략보기 ▲　오늘:1 누적:3587 평균(2주):0

구분	매각기일	최저매각가격	결과	비고
1차	2020-02-11	170,000,000	유찰	
	2020-03-17	136,000,000	변경	
2차	2020-04-21	136,000,000		
	매각 137,000,000원 (80.59%) / 1명 / 미납			
3차	2020-07-07	136,000,000	유찰	
4차	2020-08-11	108,800,000	유찰	
	2020-09-08	87,040,000	변경	
5차	2020-10-13	87,040,000	유찰	
6차	2020-11-17	69,632,000	유찰	
7차	2021-01-26	55,706,000	유찰	
8차	2021-03-02	44,565,000		
	매각 51,009,000원 (30.01%) / 1명 / 미납			
9차	2021-05-11	44,565,000		
	매각 45,010,000원 (26.48%) / 1명 / 미납			
	2021-07-20	44,565,000	변경	
10차	2021-08-24	44,565,000		
	매각 45,491,000원 (26.76%) / 입찰 1명 / 박○○			

　이유를 살펴보면 근저당권자가 임의경매를 신청하였고, 전입신고와 확정일자를 갖춘 임차인이 배당요구까지 마친 사안이다. 임차인의 전입신고는 말소기준권리인 근저당권보다 앞서기 때문에 대항력이 있으나, 확정일자는 근저당권보다 후순위이다.

　그러므로 5,000만원 근저당권이 먼저 배당을 받고 임차보증금은 후순위로 배당을 받는다. 그런데 임차인에게는 대항력이 있으므로 낙찰자는 임차보증금 14,900만 원 중 배당받지 못한 금액을 인수하여야 한다. 그렇다면 입찰을 하면 안 되는 물건이다. 많이 헷갈리는 권리분석이다

임차인 현황

목록	임차인	점유부분/기간	전입/확정/배당	보증금/차임	대항력	분석	기타
1	조○○	주거용 754호	전입: 2017-01-25 확정: 2018-12-19 배당: 2019-07-03	보149,000,000원	있음	순위배당 있음 미배당 보증금 매수인 인수	
	기타사항	☞목적물에 대하여 현황조사차 방문하여 임차인 `조청하`을 만나 현황조사 개요를 설명하고 `안내문`을 교부하였음. ☞임차인이 본건 전체를 사용하고 있다고 진술함. ☞전입세대열람 내역과 주민등록표 등본에 임차인으로 조사한 `조청하`이 세대주로 등재되어 있음.						

건물등기 (채권합계금액 : 50,000,000원)

순서	접수일	권리종류	권리자	채권금액	비고	소멸
갑(2)	2014-11-20	소유권이전(매매)	아○○			
을(3)	2018-05-03	근저당	김○○	50,000,000	말소기준등기	소멸
갑(3)	2019-04-19	임의경매	김○○	청구금액 50,000,000	2019타경2989	소멸
갑(4)	2019-05-23	압류	창○○			소멸

이를 증명하듯 대금을 미납한 입찰자가 3명이다. 하지만 네 번째 낙찰자는 4,549만 원에 낙찰받고 잔금을 지급하였다. 그 이유는 앞의 세명이 몰취 당한 입찰보증금의 합이 3,142만 원이 있기 때문이다. (두 번째, 세 번째 입찰자는 재경매절차이므로 입찰보증금이 최저매각가의 20%이다.)

과연 네 번째 낙찰자는 수익을 올린 것일까? 배당재산 3,142만 원이 쌓여있으므로 네 번째 낙찰자가 이 혜택을 누릴까? 검토하면 몰취 된 입찰보증금 3,142만 원 + 낙찰금 4,549만 원 = 7,691만 원이 배당재산으로 1순위 근저당권자에게 우선 5,000만 원이 배당되고 나머지 2,691만 원이 임차인에게 배당된다. 보증금 14,900만 원 – 2,691만 원 = 12,209만 원을 낙찰자가 인수하게 된다(경매신청비용 및 세금을 고려하지 않는 전제).

결국 네 번째 낙찰자는 낙찰대금 4,549만 원 + 인수금 12,209만 원 = 16,758만 원에 위 오피스텔을 취득하는 꼴이다. 결코 수익을 얻는 결과는 아니다. 아니나 다를까 마지막 낙찰자는 대금납부기한을 훌쩍 넘겨 대금을 납부하였다. 아마도 보증금을 잃는 손실과 잔금납부 후 손실을 비교하고 망설이다 후자를 결정한 것이 아닐까 생각된다.

그러면 필자가 놓친 기회를 설명하겠다. 이 오피스텔의 첫 번째 낙찰자가 잔금을 미납하고 수차례 유찰되었을 때 등기부등본을 열람한 결과 근저당권자가 속초에 주소에 두고 있음을 발견하였다. 혹시나 하는 마음에 "작전 속에 돈이 숨어있다" 사례 2018타경 1433 사건의 경매신청채권자에게 혹시 아시는가 하고 물어보니 지인이라고 하였다. 세상이 참 좁다는 생각과 함께 연락을 하니 마침 서울에 있다 하여 만나서 금전 대여 경위와 임차인의 진성 여부에 대하여 확인하였다.

필자가 내린 결론은 임차인은 진성이며, 하염없이 유찰될 물건으로 결론지었고, 저당권자의 5,000만 원 채권이 배당받을 확률이 상당히 낮아 보였다. 그렇게 헤어지고 나서 두 번째 낙찰자가 나왔을 때 저당권자에게 연락을 하여 저당권자의 채권을 매입하겠다고 제안을 하였다. 그러나 한 발 늦었다. 제3자가 나타나 근저당권자에게 채권을 2,000만 원에 매도하라고 제안하여서 매도하기로 했다는 것이었다. 그런데 채권의 매수자가 형편이 어렵다는 이유를 대면서 깎아달라기에 결국 5,000만 원 채권을 1,000만 원에 매각을 한 것이었다.

결국 그 채권의 매수자는 5,000만 원 부실채권을 1,000만 원으로 매입하고, 배당으로 5,000만원을 배당받은 것이다. 배당금 5,000만 원 중 상당부분은 몰취된 입찰보증금이다. 누군가의 손해는 누군가의 이익이 되는 것이다.

필자는 채권을 매입한 자보다 먼저 근저당권자를 만났고, 더 수월하게 채권을 양수받을 수 있었다. 그럼에도 불구하고 치밀하게 경우의 수를 계산하지 못하였기에 500%의 수익률을 놓친 것이다. 위 사례는 npl의 원리를 쉽게 설명한다.

기회는 내 곁을 항상 지나가고 있다.

제14원칙 불의타를 예견하라.

경매의 전 과정이 예상대로 풀리기만 하면 얼마나 쉬울까? 꼼꼼히 준비했다 하더라도 제한된 자료와 상대방 타짜들의 치밀한 작전 때문에 예상치 못했던 문제로 애를 먹는 경우가 발생한다.

그중 잔금을 준비하는 과정에서 고생하는 경우가 있다. 다음 사례는 고양시 구분상가에 대한 경매이다. 문제의 소지가 있는 부분은 대지권 미등기와 유치권이다.

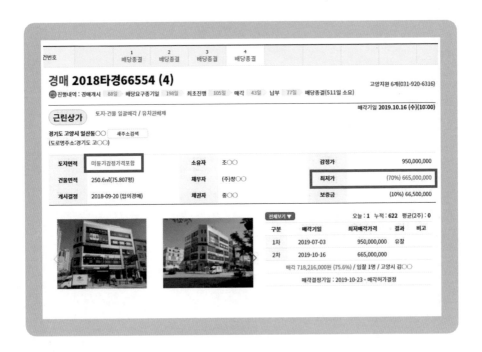

부동산경매 타짜 기본서

대지권이 미등기이지만 대지에 대한 권리를 취득함에는 문제가 없다. 이 지역은 재개발지역으로 대지권의 정리가 차후에 일괄진행될 예정이었다. 대지권 등기의 진행과정에 대한 내용은 '제2장 특수물건의 구조 7. 대지권 미등기'에서 설명하기로 하고, 유치권과 관련된 대출에 중점을 두고 기술한다.

건물등기	(채권합계금액 : 6,966,000,000원)					
순서	접수일	권리종류	권리자	채권금액	비고	소멸
갑(1)	2015-10-20	소유권보존	조○○			소멸
을(1)	2015-10-23	근저당	중○○	798,000,000	말소기준등기	소멸
을(2)	2015-10-23	근저당	중○○	2,000,000,000		소멸
갑(2)	2018-07-24	가압류	신○○	3,200,000,000	2018카단812440	소멸
갑(3)	2018-08-07	가압류	신○○	968,000,000	2018카단51847	소멸
갑(4)	2018-09-20	임의경매	중○○	청구금액 2,000,000,000	2018타경66554	소멸
갑(5)	2018-10-04	임의경매	중○○	청구금액 669,106,852	2018타경66714	소멸
갑(6)	2018-11-07	압류	고○○			소멸
기타사항	☞4층 402호 건물 등기부상					

주의사항

☞유치권여지 있음.-채 , 고 으로부터 2019.7.12.자 유치권신고서(8억원)제출되었으나 그 성립여부는 불분명함.
☞유치권배제 신청-채 , 고 에 대한 소유자 조 로부터 유치권배제신청서(2019.8.28.자), 채권자 케이에이제십삼차유동화전문유한회사로부터 유치권배제신청서(2019.8.30.자) 각 접수.

이 사건을 보면 유치권 신고금액이 8억인데, 약간의 실력이 있으면 유치권의 성립이 불가능하다는 것을 알 것이다. 왜냐하면 임차인이 점유를 상당기간 유지하였기 때문이다.

매각토지/건물 현황

구분(목록)	면적	감정가	비고
토지	미등기감정가격포함	130,400,000원	
토지	미등기감정가격포함	249,600,000원	
계		380,000,000원	

구분(목록)	현황/구조	면적	감정가	비고
건물	6층 중 4층 집합상가 - 메디프렌드(일부), EIE 고려대 국제어학원(일부)	87.72㎡ (26.535평)	195,600,000원	사용승인일:2015-09-24
건물	6층 중 4층 집합상가(EIE 고려대 국제어학원)	162.88㎡ (49.271평)	374,400,000원	사용승인일:2015-09-24
계		250.6㎡ (75.807평)	570,000,000원	

현황·위치 주변환경	• "저현고등학교" 남서측 인근에 위치하며 인근 일대는 대단위아파트 단지 및 근린생활시설, 학교, 공원 등으로 형성된 지역임. • 본건까지 차량의 진·출입이 가능하며 인근에 버스정류장 등이 소재하는 바 대중교통 상황은 보통임. • 부정형의 토지로서 상업용 건물 부지로 이용중임. • 본건 북측, 남측, 서측으로 도폭 30M, 10M 내외의 포장도로와 3면이 연결됨.
참고사항	• 대지권 미등기이며, 대지권 유무는 알 수 없음, 최저매각가격에 대지권가격이 포함됨. • 401호) 전체 87.72㎡중 일부는 메디프렌드에서 사용중이고, 401호의 나머지 및 402호는 EIE 고려대국제어학원에서 사용중임(감정평가서 참조).

임차인 현황

목록	임차인	점유부분/기간	전입/확정/배당	보증금/차임	대항력	분석	기타
1	안○○	점포 401호 일부, 402호	사업: 2016-06-16 확정: 2018-10-04 배당: 2018-11-13	보30,000,000원 월3,000,000원 환산33,000만원	없음	상임법에 의해 보호적용은 되나, 보증금 범위 초과로 소액임차인은 해당하지않음 순위배당 있음	
2	정○○	점포 401호일부55㎡	사업: 2017-08-10 확정: 2018-11-20 배당: 2018-11-21	보5,000,000원 월500,000원 환산5,500만원	없음	상임법에 의해 보호적용은 되나, 보증금 범위 초과로 소액임차인은 해당하지않음 순위배당 있음	

기타사항	● 401호) 정 (전화통화)에 의하면 임차인으로서 영업을 하고 있다고 하고 상가건물임대차 현황서에도 위 정 이 등재되어 있어 임차인으로 조사함. ● 402호) 안 (전화통화)에 의하면 임차인으로서 영업을 하고 있다고 하고 상가건물임대차 현황서에도 위 안 가 등재되어 있어 임차인으로 조사함. ● 안 (402호 임차인)와 관리소장에 의하면 401호 면적 일부를 402호로 통합해 이용하고 있다하나 폐문으로 인해 내부 구조 및 면적 등을 확인하여 못하였으므로 측량감정에 의하여야 알 수 있을 것임. ● 임차인으로 조사한 정 , 안 는 각 상가건물임대차 현황서상 등재자임. ● 안 (401호 일부, 402호 임차인)에 대한 사업자등록신청일은 최초 사업자등록신청일자를 기재함. ● 안 `사업자등록신청일자: 402호는 2016.06.16. 401호 일부는 2018.10.04 임차인수: 2명 , 임차보증금합계: 35,000,000원, 월세합계: 3,500,000원

그런데 문제는 유치권을 해결하려면 매각대금을 납부하여야 한다. 대금을 납부하여야 허위의 유치권자와 싸울 자격이 있는 것이다. 어렵지 않는 유치권임에도 불구하고 대출이 가능한 곳은 한 군데뿐이었다. 그것도 대출 기관의 근저당권등기를 진행하는 법률사무소의 에스크로 비용을 별도로 납부하여야 했다. 대출이 가능한 곳이 한 군데이니 울며 겨자 먹기로

그 비용을 부담하면서 대출을 진행할 수밖에 없다.

아래 사안은 유치권 때문에 안타깝게 잔금을 납부하지 못하였다.

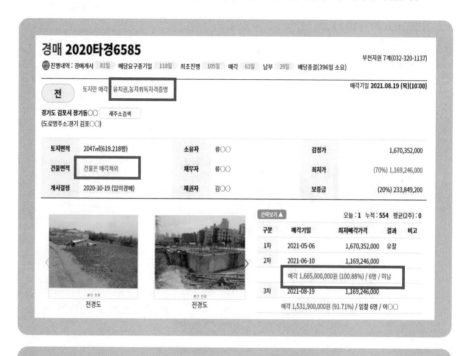

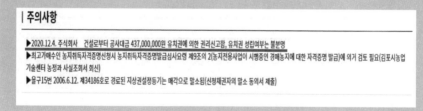

다음 사안은 임차인이 사용하는 수 개의 구분상가 중 1개 호만 경매로 나왔다.

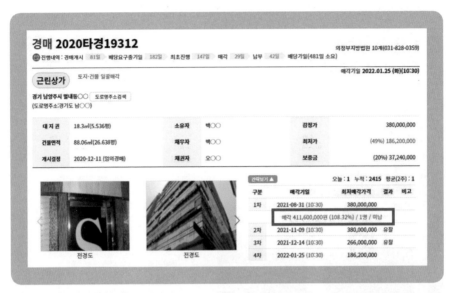

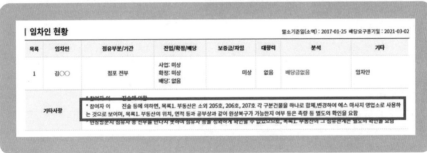

낙찰자가 잔금을 미납하여 재경매 중인데 이런 물건은 대출이 어렵다.

그 이유는 아래의 판례를 보면 이해가 된다.

관련
판례
1동의 건물의 일부분이 구분소유권의 객체가 될 수 있으려면 그 부분이 이용상은 물론 구조상으로도 다른 부분과 구분되는 독립성이 있어야 하고, 그 이용 상황 내지 이용 형태에 따라 구조상의 독립성 판단의 엄격성에 차이가 있을 수 있으나, 구조상의 독립성은 주로 소유권의 목적이 되는 객체에 대한 물적 지배의 범위를 명확히 할 필요성 때문에 요구된다고 할 것이므로, 구조상의 구분에 의하여 구분소유권의 객체 범위를 확정할 수 없는 경우에는 구조상의 독립성이 있다고 할 수 없다. 그리고 구분소유권의 객체로서 적합한 물리적 요건을 갖추지 못한 건물의 일부는 그에 관한 구분소유권이 성립할 수 없는 것이어서, 건축물관리대장상 독립한 별개의 구분건물로 등재되고 등기부상에도 구분소유권의 목적으로 등기되어 있어 이러한 등기에 기초하여 경매절차가 진행되어 매각허가를 받고 매수대금을 납부하였다 하더라도, 그 등기는 그 자체로 무효이므로 매수인은 소유권을 취득할 수 없다 (대법원 2010. 1. 14.자 2009마1449 결정).

위 경매의 대상인 204호는 205, 206, 207호와 구분되어 있지 않고 전체가 함께 사용되고 있는 와중에 204호만 경매로 진행되고 있는 것이다. 위 판례에 따르면 낙찰자가 소유권을 취득하지 못한다는 결론이 도출된다. 누가 대출을 실행하겠는가? 위 판례를 근거로 경매가 기각되거나 매각 불허가된 사안이 상당히 많았다.

대출이 가능하다는 말만 믿고 입찰하였다가 입찰보증금 3억을 날렸다는 유튜버의 실패담을 유념하자. 실력이 상당한 타짜도 대출의 늪에 걸릴 수 있다. 싸워보지도 못하고 손해가 발생하니 억울함이 이루 말할 수 없을 것이다.

위와 같이 대출이 불가능한 경우 대처방법은 그 경매판에서 탈출하거나, 우회해서 대출의 효과를 발생시키는 것이다.

다음 사례는 강원도 고성군 숙박시설로 보이지만 실질은 다가구이므로 대출이 불가능한 건이다. 잔금을 납부하지 못하여 재경매로 진행되었지만, 간신히 탈출하였다. 경매가 종료되면 몰취된 입찰보증금도 입찰자에게 반환된다.

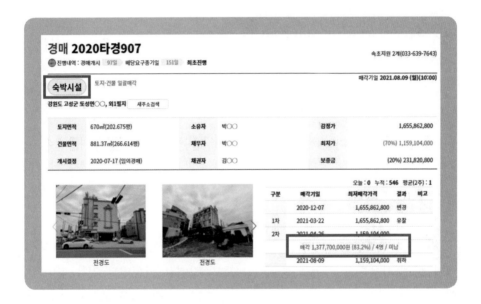

우회하여 대출 효과를 발생시키는 방법은 채권을 양수한 후 상계신청을 하거나, 채무를 인수하는 방법이다. "제2원칙 작전 속에 돈이 숨어 있다"에서 필자는 채무인수를 통해 잔금납부를 해결하였다.

대금납부기한을 도과하였다 하더라도 아직 기회는 남아있다. 대금납부기한이 지나면 법원은 재매각절차를 진행한다. 민사집행법은 낙찰자가 재매각기일의 3일전까지 대금과 지급기한이 지난 뒤부터 발생한 이자를 지급하면 재매각절차를 취소하도록 하고 있다. (민사집행법 제138조 2항) 하지만 다수의 실무는 재매각기일 전에도 대금납부를 받아주고 있다. 즉 재매각까지 여유가 있으므로 대금납부의 노력을 계속하여야 한다.

하나의 경매사건에 물건번호가 여러 개가 붙어있는 경우에 숨어있는 변수를 조심해야 한다. 여러 물건번호 중 하나를 낙찰받았고, 매각대금을 완납하였다. 그런데 나머지 물건번호가 하염없이 유찰되고 있다면 어떻게 될까? 법원은 통상적으로 모든 물건번호의 매각절차를 종료하고 대금이 모두 완납된 후 한 번의 배당기일로 배당절차를 종료한다. 따라서 물건번호가 많은 경매사건의 배당절차는 상당히 늦어질 수 있다. 그렇다면 배당기일이 늦어질 때 물건번호 중 하나를 낙찰받고 먼저 대금을 완납한 소유자에게 어떤 일이 벌어질까? 낙찰받고 대금을 완납한 물건에 임차인의 점유가 있다면 인도명령절차가 늦어질 수 있다. 배당을 받는 임차인이 있는 경우 부동산의 인도와 임차보증금(배당금)의 지급은 동시이행관계이기 때문이다. 낙찰자는 배당절차가 종료될 때까지 계속 담보대출 이자를 납부해야 하지만 정작 낙찰부동산을 사용하지 못하게 된다.

만일 낙찰부동산에 점유자가 없다고 하더라고 임차권등기명령이 있는 경우도 동일하다. 배당이 종료되어야 임차권등기명령을 말소할 수 있다. 임차권등기명령이 남아있는 한 새로운 임차인을 들일 수 없다. 임차권등기명령 때문에 새로운 임차인은 전세금 대출을 받을 수 없기 때문이다.

경매과정에서 불의타가 없다면 얼마나 좋겠는가? 하지만 불의타가 없는 경우에만 입찰하겠다고 마음먹으면 입찰이 불가능하다. 최대한 불의타가 없도록 검토해야 하지만 불의타와 마주친다면 그 해결에 집중하는 수밖에 없다.

어떤 재판부를 만나느냐에 따라서 인도명령결정의 가부, 그 진행속도에 차이가 날 수도 있다. 이런 부분은 예견하기 힘들다. 어떤 재판부는 너무나 세심히 검토하고 신속히 결정을 내려주어서 감사했지만, 어떤 재판부는 명도소송이라는 대안이 있음을 이유로 귀찮은 절차를 요구하기도 하였다. 재판부의 의지는 예측할 수 있는 영역이 아니다.

경매판에서 탈출하는 방법은 '제17원칙 호랑이굴에 들어가도 정신만 차리면 산다' 에서 상세히 다루기로 한다.

제15원칙 너무 높은 낙찰가? 다 이유가 있다.

입찰장에서 최고가매수신고인의 낙찰금액이 예상범위를 넘는 고가로 호창되면 방청석에서 낙찰자를 폄하하는 소리가 들린다. 높게 낙찰되는 이유를 살펴보자

유형을 크게 나누면, 과실로 높게 쓰는 경우와 고의로 높게 쓰는 경우로 구분된다.

과실유형은 시세조사를 잘못했거나, 입찰표를 기재하는 과정에서 실수한 경우이다.

고의유형은 부동산 상승기에 매매가격에 육박하여 낙찰받는 경우, 방어입찰을 위해서 고가로 낙찰받는 경우, 부실채권을 매입한 경우이다.

부동산 상승기에는 매매시장에서 다음과 같은 현상이 나타난다. 매수인이 적극적으로 매수의사를 보이면 매도자가 물건을 빼거나 호가를 높인다. 계약체결이 불가능할 정도로 과도하게 호가를 올린 매물들이 나타난다. 매매 계약서를 작성하고 계약금을 지급한 경우에도 계약금의 배액을 지불하고 계약을 파기한다. 부동산 상승장에서 흔히 볼 수 있다.

그런데 경매로 낙찰받는 경우는 가격이 확정된다. 따라서 어차피 오르는 형국에서 매매와 같은 변수없이 소유권의 취득이 가능하므로 매매가에 근접한 입찰가를 쓰는 것이다.

방어입찰에 대하여 설명하겠다. 채무자 입장에서 채무변제를 위한 자금확보가 확실한데 매각기일이 임박하였을 경우, 측근을 통하여 아주 높은 금액으로 낙찰받는 것이다. 소위 keeping 하는 것이다. 측근이 아닌 외부자가 낙찰받을 경우 경매절차를 해소하는 과정에서 발생하는 비용과 번거로움을 방어하기 위해서 일부러 시세보다 "0"을 하나 더 붙일 수 있는 것이다. 일단 keeping한 상태에서 경매를 취하시키는 것이다. 취하의 요건인 최고가매수인의 동의는 같은 편이므로 문제되지 않을 것이다.

부실채권을 매입한 경우를 예를 들어 설명하겠다. 시세가 10억인 부동산에 대하여 설정된 10억의 담보채권을 8억에 매입한 후 10억에 낙찰받는 것이다. 겉으로 보기에 10억 물건을 10억에 낙찰받으니 바보로 보일 것이다.

다음 사례는 유동화 전문회사가 경매부동산을 유입(낙찰)한 사례인데 왜 높은 금액을 쓸 수 밖에 없었는지 잘 설명해 준다. 저가로 낙찰될 경우 채권

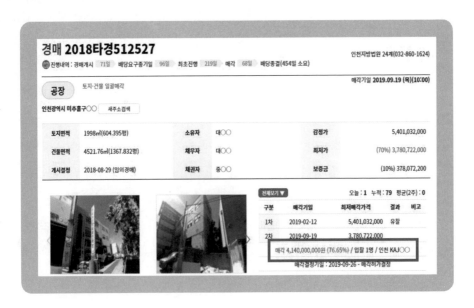

의 일부가 회수되지 않는 손실이 발생하므로 유동화 전문회사가 직접 채권액수에 상응하는 금액으로 방어입찰을 하여 부동산을 유입하는 것이다.

유동화 전문회사가 낙찰받은 후 채권자 지위에서 상계신청을 하면 대금 지급기한과 배당기일이 동일한 날짜로 지정된다.

건물등기 (채권합계금액 : 6,529,610,910원)						
순서	접수일	권리종류	권리자	채권금액	비고	소멸
갑(4)	2004-01-08	소유권이전(매매)	대○○			
을(15)	2015-07-14	근저당	중○○	5,000,000,000	말소기준등기	소멸
을(16)	2016-12-22	근저당	(주)호○○	250,000,000		소멸
을(17)	2017-11-20	근저당	(주)피○○	509,000,000		소멸
을(18)	2017-11-24	근저당	유○○	61,000,000		소멸
갑(8)	2018-02-07	가압류	(주)와○○	66,576,950	2018카단50234	소멸
을(19)	2018-02-20	근저당	기○○	571,200,000		소멸
갑(10)	2018-06-07	압류	인○○			소멸
갑(12)	2018-07-13	가압류	서○○	71,833,960	2018카단38520	소멸
갑(13)	2018-08-29	임의경매	중○○	청구금액 4,529,568,129	2018타경512527	소멸
갑(15)	2018-12-17	압류	국○○			소멸
갑(16)	2019-03-26	압류	국○○			소멸
갑(17)	2019-05-29	압류	포○○			소멸

방어입찰가는 채권자의 채권금액에 이르는 금액이다. 이렇게 채권의 손실을 막으면서 유입한 부동산은 적절한 시기에 매도하여 채권을 회수하는 것이다.

이러한 사정을 안다면 무조건 고가 낙찰자를 폄하하지 못할 것이다. 무림의 타짜를 알아보지 못했음을 부끄러워해야 한다. 다 계획이 있는 것이다.

제16원칙 호랑이굴에 들어가도 정신만 차리면 산다.

별다른 리스크가 없는 물건임에도 불구하고 단독입찰로 낙찰을 받으면 뭔가 잘못된 것이 아닌지 등골이 서늘하다. 만일 낙찰 후 자신이 실수한 것을 알았을 경우 어떻게 해야할까?

경매판에서 아차하면 손실이 발생한다. 그렇기 때문에 치밀하게 검토하고 루틴을 지켜야한다. 그럼에도 불구하고 변수가 발생했거나, 자신이 실수를 했음을 확인했다면 그 경매판에서 서둘러 탈출하여야 한다. 그런데 자신이 호랑이굴에 들어왔다는 사실을 모르면 탈출할 수 없다. '루틴이 방패다'에서 말했듯이 낙찰 당일 법원서류를 열람하고, 갈등의 소지가 있는 이해당사자(유치권자, 임차인, 가등기권자 등)를 서둘러 만나야 한다. 그래야 자신의 판단이 맞는지 확인할 수 있다.

만일 내가 실수를 했다는 확신이 서면 탈출해야 한다. 탈출하지 못하면 입찰보증금을 빼앗기게 된다. 경매판에서 탈출하는 방법에 대하여 정리해보겠다.

첫 번째, 매각불허가를 받거나, 매각허가에 대하여 취소결정을 받는 것이다. 법에서 불허가사유와 취소사유를 정하고 있으므로 그 사유에 해당하는 사실을 적시하여 불허가 또는 취소를 받으면 가장 신속히 탈출할 수 있다. 경매절차상의 하자, 매각물건명세서상의 하자를 이유로 불허가를 받는 방법이다. 근거 조문은 아래와 같다.

제121조(매각허가에 대한 이의신청사유) 매각허가에 관한 이의는 다음 각호 가운데 어느 하나에 해당하는 이유가 있어야 신청할 수 있다.

1. 강제집행을 허가할 수 없거나 집행을 계속 진행할 수 없을 때
2. 최고가매수신고인이 부동산을 매수할 능력이나 자격이 없는 때
3. 부동산을 매수할 자격이 없는 사람이 최고가매수신고인을 내세워 매수신고를 한 때
4. 최고가매수신고인, 그 대리인 또는 최고가매수신고인을 내세워 매수신고를 한 사람이 제108조 각호 가운데 어느 하나에 해당되는 때
5. 최저매각가격의 결정, 일괄매각의 결정 또는 매각물건명세서의 작성에 중대한 흠이 있는 때
6. 천재지변, 그 밖에 자기가 책임을 질 수 없는 사유로 부동산이 현저하게 훼손된 사실 또는 부동산에 관한 중대한 권리관계가 변동된 사실이 경매절차의 진행중에 밝혀진 때
7. 경매절차에 그 밖의 중대한 잘못이 있는 때

관련판례 매각허가에 대한 이의신청사유를 규정한 민사집행법 제121조 제6호에서 말하는 '부동산에 관한 중대한 권리관계의 변동'이라 함은 부동산에 물리적 훼손이 없는 경우라도 선순위 근저당권의 존재로 후순위 처분금지가처분(내지 가등기)이나 대항력 있는 임차권 등이 소멸하거나 또는 부동산에 관하여 유치권이 존재하지 않는 것으로 알고 매수신청을 하여 매각허가결정까지 받았으나 그 이후 선순위 근저당권의 소멸로 인하여 처분금지가처분(내지 가등기)이나 임차권의 대항력이 존속하는 것으로 변경되거나 또는 부동

에 관하여 유치권이 존재하는 사실이 새로 밝혀지는 경우와 같이 매수인이 소유권을 취득하지 못하거나 또는 매각부동산의 부담이 현저히 증가하여 매수인이 인수할 권리가 중대하게 변동되는 경우를 말한다.

(대법원 2005. 8. 8.자 2005마643 결정)

제127조(매각허가결정의 취소신청) ① 제121조제6호에서 규정한 사실이 매각허가결정의 확정 뒤에 밝혀진 경우에는 매수인은 대금을 낼 때까지 매각허가결정의 취소신청을 할 수 있다.

두 번째, 매각허가결정에 대하여 항고하여 항고심에서 불허가를 받는 방법인데, 이 또한 법에서 정한 사유에 해당되어야 한다.

제129조(이해관계인 등의 즉시항고) ① 이해관계인은 매각허가여부의 결정에 따라 손해를 볼 경우에만 그 결정에 대하여 즉시항고를 할 수 있다.

세 번째, 채권자가 경매신청을 취하하면 된다. 경매취하는 경매를 신청한 채권자의 자유의사로 행사가능하다. 매각불허가와 같은 법에서 정한 사유가 필요없다. 하지만 낙찰이 된 이후 경매를 취하하는 경우 낙찰자의 동의가 있어야 한다.

제93조(경매신청의 취하) ① 경매신청이 취하되면 압류의 효력은 소멸된다.
② 매수신고가 있은 뒤 경매신청을 취하하는 경우에는 최고가매수신고인 또

는 매수인과 제114조의 차순위매수신고인의 동의를 받아야 그 효력이 생긴다.

네 번째, 경매를 취소하면 경매절차 자체가 사라지기 때문에 입찰보증금을 환급받는다. 취소절차는 법에서 정한 절차로만 가능하다. 낙찰자의 동의가 필요없다는 점이 취하와 다르며, 요건과 방법이 임의경매와 강제경매에 따라 다르다.

제266조(경매절차의 정지) ① 다음 각호 가운데 어느 하나에 해당하는 문서가 경매법원에 제출되면 경매절차를 정지하여야 한다. <개정 2011. 4. 12.>
 1. 담보권의 등기가 말소된 등기사항증명서
 2. 담보권 등기를 말소하도록 명한 확정판결의 정본
 3. 담보권이 없거나 소멸되었다는 취지의 확정판결의 정본
 4. 채권자가 담보권을 실행하지 아니하기로 하거나 경매신청을 취하하겠다는 취지 또는 피담보채권을 변제받았거나 그 변제를 미루도록 승낙한다는 취지를 적은 서류
 5. 담보권 실행을 일시정지하도록 명한 재판의 정본
② 제1항제1호 내지 제3호의 경우와 제4호의 서류가 화해조서의 정본 또는 공정증서의 정본인 경우에는 경매법원은 이미 실시한 경매절차를 취소하여야 하며, 제5호의 경우에는 그 재판에 따라 경매절차를 취소하지 아니한 때에만 이미 실시한 경매절차를 일시적으로 유지하게 하여야 한다.

다음 사례를 보자 필자와 지인이 공투로 낙찰받고 아차했던 사안이다.
서초동에 위치한 아파트 물건인데 구체적인 수치는 생략하고 진행과정 위주로 설명하겠다.

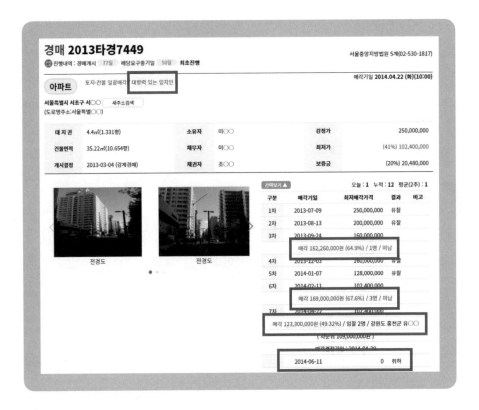

경매 **2013타경7449**

서울중앙지방법원 5계(02-530-1817)

진행내역: 경매개시 77일 배당요구종기일 50일 **최초진행**

아파트 토지·건물 일괄매각 대항력 있는 임차인

매각기일 **2014.04.22 (화)(10:00)**

서울특별시 서초구 서○○ 새주소검색
(도로명주소:서울특별○○)

대 지 권	4.4㎡(1.331평)	소유자	미○○	감정가	250,000,000
건물면적	35.22㎡(10.654평)	채무자	미○○	최저가	(41%) 102,400,000
개시결정	2013-03-04 (강제경매)	채권자	조○○	보증금	(20%) 20,480,000

전경도

전경도

간략보기 ▲

오늘 : 1 누적 : 12 평균(2주) : 1

구분	매각기일	최저매각가격	결과	비고
1차	2013-07-09	250,000,000	유찰	
2차	2013-08-13	200,000,000	유찰	
3차	2013-09-24	160,000,000		
	매각 162,260,000원 (64.9%) / 1명 / 미납			
4차	2013-12-03	160,000,000		
5차	2014-01-07	128,000,000	유찰	
6차	2014-02-11	102,400,000		
	매각 169,000,000원 (67.6%) / 3명 / 미납			
7차				
	매각 123,300,000원 (49.32%) / 입찰 2명 / 강원도 홍천군 유○○			
	(차순위 109,000,000원)			
	매각결정기일 : 2014-04-29			
	2014-06-11	0	취하	

앞서 두 차례의 잔금 미납자가 있었고 상당히 유찰되었다. 그럼에도 불구하고 용감하게 입찰하였다. 입찰을 감행했던 근거는 소유자가 이상하지 않는 한 경매로 진행하는 것이 모순이었기 때문이었다. 그런데 낙찰 후 패를 확인하니 소유자가 이상한 사람이 맞았다. 필자가 호랑이굴에 들어온 것이었다.

탈출방법을 고민하였는데 매각불허가사유는 보이지 않았다. 그래서 세 번째 방법을 사용하기로 하였다. 경매를 신청한 자의 채권을 매입하고 경매를 취하하는 것이다. 필자가 낙찰자이므로 동의는 문제되지 않는다. 이렇게 진행할 때 주의하여야 하는 점이 있다. 매입한 채권이 사후에 회수될 수 있는가이다. 사후 회수가 불가능하다면 입찰보증금은 지킬수 있지만 채권매입비용을 회수하지 못한다. 배보다 배꼽이 더 큰 꼴이다.

임차인 현황

말소기준일 : 2012-07-10 소액기준일 : 2014-04-22 배당요구종기일 : 2013-05-20

목록	임차인	점유부분/기간	전입/확정/배당	보증금/차임	대항력	분석	기타
1	김○○	주거용 미상	전입: 2011-01-31 확정: 미상 배당: 없음	미상		배당금없음 보증금 전액 매수인 인수 대항력 여지 있음 (전입일 빠름).	
2	정○○	주거용 미상	전입: 2009-02-02 확정: 미상 배당: 없음	미상		배당금없음 보증금 전액 매수인 인수 대항력 여지 있음 (전입일 빠름).	
3	최○○	주거용 미상	전입: 2012-02-01 확정: 미상 배당: 없음	미상		배당금없음 보증금 전액 매수인 인수 대항력 여지 있음 (전입일 빠름).	
기타사항		☞2회 방문하였으나 폐문부재이고, 방문한 취지 및 연락처를 남겼으나 아무런 연락이 없으므로 주민등록 전입된 세대만 임차인으로 보고함. ☞김　정　최　은(는) 전입일상 대항력이 있으므로, 보증금있는 임차인일 경우 인수여지 있어 주의요함. 임차인수: 3명					

건물등기   (채권합계금액 : 50,000,000원)

순서	접수일	권리종류	권리자	채권금액	비고	소멸
	2002-05-20	소유권이전(매매)	미○○			
	2012-07-10	가압류	조○○	50,000,000	말소기준등기	소멸
	2013-03-05	강제경매	조○○	청구금액 52,328,766	2013타경7449	소멸

경매를 신청한 채권자를 만나서 채권매수의사를 전하였다. 채권자는 이상한 소유자에게 상당히 곤혹을 치르고 있어서 채권을 매도할 의향이 있었지만 바겐세일할 의사는 없었다. 이미 채권회수 가능성을 나름 판단하였고, 임차보증금반환소송을 통하여 얻은 판결문에 기하여 경매를 신청한 채권은 지연이자율이 20%에 달하기에 망설이지 않고 채권을 양수하기로 하였다. 이 과정에서 약소한 할인을 받고 채권양도계약서를 작성하고 계약금을 입금하였다.

정리하면 경매신청채권을 매입하고 경매를 취하함으로써 입찰보증금을 환급받고 곧 바로 다시 새로운 경매를 신청하는 것이다.

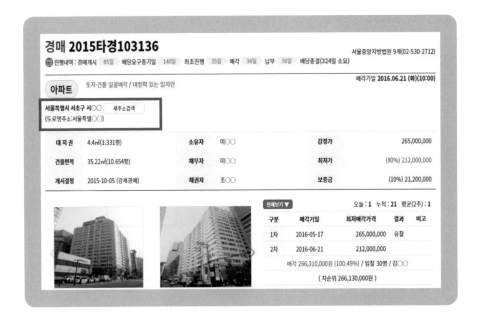

경매 **2015타경103136**

서울중앙지방법원 9계(02-530-2712)

진행내역 : 경매개시 85일 배당요구종기일 140일 최초진행 35일 매각 34일 납부 30일 배당종결(324일 소요)

아파트 | 토지·건물 일괄매각 / 대항력 있는 임차인

매각기일 **2016.06.21 (화)(10:00)**

서울특별시 서초구 서○○ 새주소검색
(도로명주소:서울특별○○)

대 지 권	4.4㎡(1.331평)	소유자	미○○	감정가	265,000,000
건물면적	35.22㎡(10.654평)	채무자	미○○	최저가	(80%) 212,000,000
개시결정	2015-10-05 (강제경매)	채권자	조○○	보증금	(10%) 21,200,000

전체보기 ▼

오늘 : 1 누적 : 21 평균(2주) : 1

구분	매각기일	최저매각가격	결과	비고
1차	2016-05-17	265,000,000	유찰	
2차	2016-06-21	212,000,000		

매각 266,310,000원 (100.49%) / 입찰 30명 / 김○○

(차순위 266,130,000원)

　　그리고 그 새로운 경매에서 매입채권의 일부를 배당받았다. 물론 20%
이자도 받았다. 일부를 배당받은 이유는 소유자가 보유한 다른 부동산경
매절차에서 일부를 배당받았기 때문이다. 이렇게 호랑이굴에서 탈출하였
을 뿐만 아니라 이익까지 챙겼다. (위 채권자가 변경되지 않은 이유는 채권양수과정에
서 양도인의 양해를 얻어서 가능했다.)

　　이 과정에서 더 흥미로운 사건의 전개도 있었으나, 명료하게 탈출방법
을 전달하기 위하여 생략한다.

다음 사례는 입찰표에 "0"을 하나 더 쓴 낙찰자의 탈출을 도와준 사안이다.

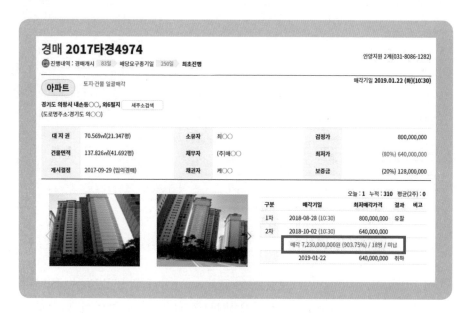

입찰법정에서 웅성웅성거리는 소리와 더불어 낙찰자의 탄식을 듣고 서둘러 사건을 스캔해보니 해결이 가능해 보였다. 낙찰자에게 방법을 찾아보시고 방법을 찾지 못하게 되면 연락을 주라고 명함을 건낸 것이 인연이 되었다. 앞에서 말했듯이 입찰표 기재의 실수는 매각불허가사유에 해당되지 않는다. 낙찰자는 몇 군데 법률전문가로부터 법률자문을 받았으나 어느 곳도 해결방법이 없다고 하였고, 마지막으로 필자를 찾아온 것이었다.

앞선 사례 서초동 아파트는 개인이 신청한 강제경매이지만 이번 사례는 금융권의 근저당권부 채권으로 진행된 임의경매라는 차이가 있다.

건물등기 (채권합계금액 : 994,000,000원)

순서	접수일	권리종류	권리자	채권금액	비고	소멸
갑(1)	2010-09-03	소유권보존	최○○			소멸
을(1)	2010-09-03	근저당	(주)베○○	360,000,000	말소기준등기 확정채권대위변제전:하나은행	소멸
을(2)	2011-01-24	근저당	(주)베○○	84,000,000		소멸
을(3)	2011-10-21	근저당	우○○	150,000,000		소멸
갑(2)	2016-10-13	가압류	신○○	300,000,000	2016카단102297	소멸
을(4)	2016-10-13	근저당	(주)흥○○	100,000,000		소멸
갑(3)	2017-09-29	임의경매	우○○	청구금액 111,341,928	2017타경4974	소멸
갑(4)	2017-12-04	압류	의○○			소멸

탈출방법은 비슷하지만 채권을 양수받는 과정이 쉽지 않았다. 왜냐하면 경매신청채권자가 유동화전문 유한회사인데 원금과 지연이자 전부를 회수할 수 있는 상황이므로 양도할 이유가 없었다. 게다가 개인에게 채권을 양도하는 것을 금지한 대부업법을 위반할 소지도 있기 때문에 더더욱 양수받는 것이 어려웠다. 채권을 양수받을 명분과 근거가 필요했다.

그래서 활용한 방법이 법정대위이다. 민법 481조에 의하면 채권을 양수받을 수 있다. 이 구조를 만들고 채권을 양수받았다. 채권이 양수되므로 근저당권 이전의 부기등기가 이루어진다. 따라서 경매신청채권을 변제하였다 하더라도 경매신청채권이 소멸하는 것이 아니다.

참조조문

민법 제481조(변제자의 법정대위) 변제할 정당한 이익이 있는 자는 변제로 당연히 채권자를 대위한다.

2017.11.14	교부권자 국0000000 0000 교부청구서 제출
2017.11.15	근저당권자 주000 0000 배당요구신청 제출
2018.01.08	채권자 케000000000000000 (00 0 0 0000 0000) 채권자변경신고서 제출
2018.05.30	근저당권부질권자 주000000000 권리신고 (경매기입등기후질권자) 제출
2018.08.22	채권자 케000000000000000 (00 0 0 0000 0000) 열람및복사신청 제출
2018.10.05	최고가매수신고인 열람및복사신청 제출
2018.12.28	채권자 문00(00000000000000000000) 채권자변경신고서 제출
2018.12.28	최고가매수신고인 법원보관금환급신청서 제출
2018.12.28	채권자 문00(00000000000000000000) 신청취하서 제출

나머지는 앞에서 말한 절차의 반복이다. 어렵게 느껴질 수 있지만, 여러분이 호랑이굴에 들어갔다 생각해보라. 알아두면 피가 되고 살이 된다.

제17원칙 디테일이 승부를 가른다.

경매로 소유권을 취득하고 온전하게 권리를 행사하기 위해서 많은 절차를 준비하여야 한다.

입찰준비절차로 물건검색, 권리분석, 입지분석, 수익성분석, 현장확인, 자금계획, 입찰가산정까지 마치고, 매각기일 당일에는 입찰보증금과 첨부서류를 준비하고 입찰표를 작성하여 입찰함에 투찰하며, 최고가매수인이 된 후에는 대출, 등기, 명도, 임대 또는 매매를 진행하면서 세금부분까지 챙겨야한다.

여기까지가 수익실현을 위한 하나의 과정이다. 그런데 그 과정에서 하나라도 실수가 있으면 손실이 발생할 수 있다. 수익율을 올리는 것도 중요하지만 투자에서 첫 번째 과제는 잃지 말아야 한다. 그것도 외부변수가 아니라 투자자의 실수로 손실이 발생하면 치명적이다.

그러므로 각 과정에 숨어있는 리스크를 사전에 발견하고, 대비책을 세워야 한다. 각 과정을 디테일하게 챙기는 루틴을 가진 자가 타짜이다.

다음 사례는 속초의 생활형 숙박시설이다.

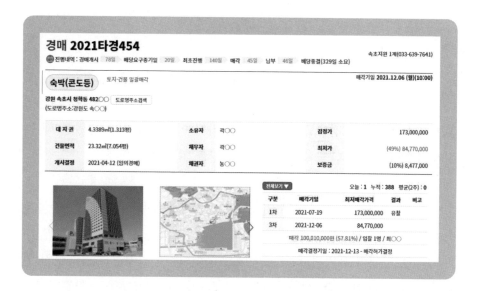

한때 투자형 부동산으로 인기몰이를 하던 물건이다. 입찰을 하려면 이러한 물건의 특성에 대하여 파악하여야 한다. 과연 적정 수익률의 달성이 가능한가를 검토하여야 한다.

집합건물 중 개별호수에 대하여 구분소유가 가능하지만 사용, 수익에 있어서는 제한을 받는 물건이다. 이런 경우는 보통 구분소유자들의 모임 즉 관리단으로부터 위탁받은 운영사가 집합건물 전체를 운영하여 수익분을 지급하거나, 관리단이 직접 운영하여 수익분을 지급한다.

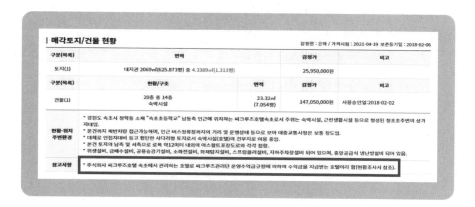

그러나 실제에서는 애초 분양 당시 약정하였던 수익률을 지급하지 못하는 경우가 너무 많다. 운영사의 불법회계처리가 문제되기도 하고 운영사가 부도처리되는 경우도 상당하다. 따라서 이 물건을 낙찰받았을 때 적정한 수익률을 지급받을 수 있는 구조인지를 파악해야 한다.

우선 운영사가 건실한 회사인지 여부, 숙박시설로 영업이익율이 높은 입지인지 여부, 분양당시 약정한 수익률이 얼마였는지 여부 그리고 현재도 수익률 약정이 유지되고 있는지 여부 등이다. 이 경매건은 건축한지 얼마되지 않았고, 바다 조망이 가능하다. 게다가 서울 간 교통도 양호하다.

다만 이 경매건에서 놓쳐서는 안 되는 디테일은 수익률 지급의 기준이었다. 애초 분양가를 기준으로 수익분을 지급하고 낮은 가격으로 낙찰받는다면 수익률이 올라가는 이점이 있다. 그런데 확인한 결과 위 경매물건의 관리단 규약은 최초 분양가가 아니라 매입가격을 기준으로 수익률을 지급한다는 것이었다. 따라서 아무리 낮은 가격으로 낙찰받는다고 하더라도 수익률의 상승이 없는 것이다.

코로나로 인해 숙박시설의 운영이 어려운 상황이므로 관리단이 수익률의 정도를 낮추는 것은 상관없지만 수익률지급의 기준점을 취득가액으로 한다면 경매로 싸게 취득하는 효과가 없는 것이다.

낙찰자가 이러한 사실을 알고 낙찰받았는지 궁금하다.

사건번호를 공개하지 않고 기술한다. 경기도 토지에 입찰하여 꼴찌를 하였지만 토지의 소유권을 가져온 사안이다. 이 방법을 알려면 법원경매의 절차를 이해하여야 한다.

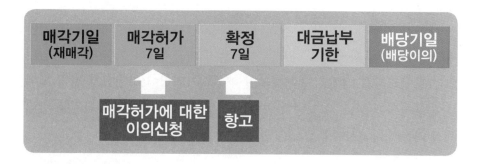

법원경매와 매매의 결정적 차이점은 법원경매의 경우, 최고의 입찰가를 제시하여 최고가매수인이 되는 것 외에도 법원의 매각허가결정이 필요하다는 것이다. 매각허가결정이 있은 후 7일이 지나면 허가 결정이 확정된다. 확정이 되면 대금납부기한이 정하여진다. 결국 매각허가결정이 확정되어야 잔금을 납부할 수 있다. 그러니까 낙찰되었다고 바로 잔금을 납부하는 것이 아니라 최소 2주가 지나야 매각대금을 완납할 수 있는 것이다. 최소 2주이다. 이 말은 더 길어 질수도 있다는 것이다. 만일 낙찰되었다 하더라도 매각불허가결정이 나면 다시 매각절차가 진행되며, 매각허가결정이 나더라도 항고가 있는 경우 항고의 결과가 나올 때까지 매가허가결정의 확정이 미루어지기 때문에 잔금을 납부할 수 없다. 경매인이라면 이 정도 절차는 머릿속에 넣고 있어야 한다.

경매에서 꼴찌를 하였지만 내 것으로 만드는 방법은 매매로 취득하는 것이다. 매매로 진행하기 위한 조건과 기한을 알아야 한다. 아래의 내용이 어려울 수 있지만 알아두어야 한다.

매매로 취득하기 위한 전제조건은 낙찰가보다 높은 매매금액을 제시하여야 매매가 성사될 것이며, 부채와 세금의 합이 매매거래대금보다 작아야 한다. 부채가 넘치는 물건을 취득할 이유가 없기 때문이다.

매매가 가능한 기한은 낙찰자가 잔금을 납부하기 전까지이다. 하지만 매각허가결정이 확정되고 나서는 언제든지 대금지급이 이루어질 수 있기 때문에 안전하게 매매로 진행하려면 매각허가결정이 확정되기 전에 매매를 완료하여야 한다. 확정일이 임박한 경우 항고를 제기하여 확정을 방어하면 되는데 항고보증금을 납부하여야 하는 부담이 있다.

진행순서는 이렇다. 임의경매인 경우 매매대금으로 경매신청채권을 변제한 후 경매신청채권의 근저당권이나, 전세권등기를 말소하고 경매취소신청을 하면 경매는 취소된다. 즉 매매로 가져오면서 경매를 취소시키는 것이다. 법적근거는 민사집행법 제266조 이다. 취소절차로 진행하기 때문에 낙찰자의 동의를 구하지 않아도 된다.

제266조(경매절차의 정지) ① 다음 각호 가운데 어느 하나에 해당하는 문서가 경매법원에 제출되면 경매절차를 정지하여야 한다. <개정 2011. 4. 12.>

1. 담보권의 등기가 말소된 등기사항증명서
2. 담보권 등기를 말소하도록 명한 확정판결의 정본
3. 담보권이 없거나 소멸되었다는 취지의 확정판결의 정본
4. 채권자가 담보권을 실행하지 아니하기로 하거나 경매신청을 취하하겠다는 취지 또는 피담보채권을 변제받았거나 그 변제를 미루도록 승낙한다는 취지를 적은 서류
5. 담보권 실행을 일시정지하도록 명한 재판의 정본

② 제1항제1호 내지 제3호의 경우와 제4호의 서류가 화해조서의 정본 또는 공정증서의 정본인 경우에는 경매법원은 이미 실시한 경매절차를 취소하여야 하며, 제5호의 경우에는 그 재판에 따라 경매절차를 취소하지 아니한 때에만 이미 실시한 경매절차를 일시적으로 유지하게 하여야 한다.

강제경매인 경우 청구이의의 소와 집행정지를 통하여 가능하다. 임의경매보다 더 복잡하지만 낙찰자의 잔금납부 전까지 가능하다.

참조조문

제49조(집행의 필수적 정지·제한) 강제집행은 다음 각호 가운데 어느 하나에 해당하는 서류를 제출한 경우에 정지하거나 제한하여야 한다.

1. 집행할 판결 또는 그 가집행을 취소하는 취지나, 강제집행을 허가하지 아니하거나 그 정지를 명하는 취지 또는 집행처분의 취소를 명한 취지를 적은 집행력 있는 재판의 정본
2. 강제집행의 일시정지를 명한 취지를 적은 재판의 정본

3. 집행을 면하기 위하여 담보를 제공한 증명서류
4. 집행할 판결이 있은 뒤에 채권자가 변제를 받았거나, 의무이행을 미루도록 승낙한 취지를 적은 증서
5. 집행할 판결, 그 밖의 재판이 소의 취하 등의 사유로 효력을 잃었다는 것을 증명하는 조서등본 또는 법원사무관등이 작성한 증서
6. 강제집행을 하지 아니한다거나 강제집행의 신청이나 위임을 취하한다는 취지를 적은 화해조서(和解調書)의 정본 또는 공정증서(公正證書)의 정본

낙찰자 입장에서는 다 잡은 물고기를 놓치는 꼴이 된다. 이 책을 통하여 놓치는 이유라도 알기를 바란다. 타짜는 입찰에서 꼴찌를 해도 내 것으로 만들 수 있다.

제19원칙 감정가는 시세가 아니다.

법원은 경매개시결정을 한 후 3일 안에 감정평가명령을 하고 감정인은 평가시를 기준으로 가격을 평가한다. 그런데 매각기일은 법원마다 차이가 있지만 경매개시결정일로부터 최소 6개월에서 1년을 넘는 경우도 있다. 따라서 감정평가시점과 매각기일간 상당한 시간의 경과가 있다. 부동산경기의 변동이 심한 시기에는 감정평가액과 시세의 차이가 발생할 수 밖에 없다. 그리고 감정평가 후 개발 호재가 발생한 경우 감정평가액은 무의미하다.

아래의 경매물건은 청량리 대로변 근린시설이다. 감정가의 200%를 넘어 낙찰되고 대금까지 납부하였다.

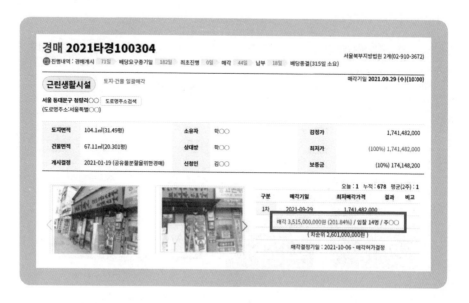

아래의 경매물건은 강남 청담동 근린시설이다. 입찰자가 120명을 넘고, 감정가의 200% 육박하여 낙찰되고 대금까지 납부하였다.

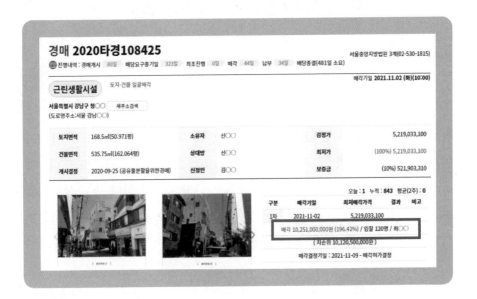

아래의 경매물건은 한창 개발이 진행 중인 주문진의 토지이다. 감정가의 237%에 낙찰되고 대금까지 납부되었다.

아래의 경매물건은 2층 전체가 경매로 나온 상가이다. 노유자시설로 요양원으로 운영되고 있다. 감정가에 반영되지 않는 부분이 있다. 요양원이 거래되는 경우 시설에 모시는 노인의 수에 따라 권리금이 형성된다는 것이다.

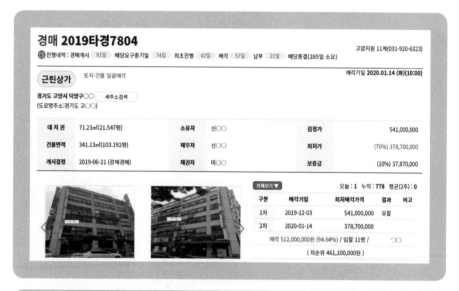

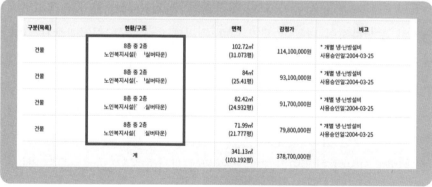

감정가는 시세가 아니다. 그리고 매매시장에 나오기 힘든 매물이 경매시장에 나타나면 경쟁률은 치솟아 높은 가격으로 낙찰될 수 밖에 없다. 매매로 보기 힘든 물건이 경매로 나오는 대표적인 사례는 상속인들이 상속분할의 협의를 하지 못하여 공유물분할을 위한 경매로 진행되는 경우이다.

시세보다 저가로 평가된 감정평가에 대하여 채무자와 소유자는 억울할 수 있다. 이에 대한 대법원 판례를 소개한다.

관련 판례 최초의 경매가격을 결정한 후 상당한 시일이 경과되고 부동산가격에 변동이 있다고 하더라도 평가의 전제가 된 중요한 사항이 변경된 경우와 같은 특별한 사정이 없는 한 경매법원이 부동산가격을 재평가하여야 하는 것은 아니라고 할 것인바(대법원 1994. 12. 2.자 94마1720 결정 등 참조), 같은 취지에서 원심이 낙찰인의 대금 미지급으로 인하여 재경매를 명함에 있어서 경매목적물에 대한 재평가를 하지 아니하였다고 하여 그 최저입찰가격의 결정이 위법하다고 볼 수 없다 (출처 : 대법원 1998. 10. 28.자 98마1817 결정).

즉 단순히 상당한 기간이 경과하였다는 사실 또는 가격이 저렴하다는 사실만으로 재평가 사유가 되지 못하지만, 장기간 매각절차가 정지된 후 급격한 경제사정의 변동이 생겨 당초 평가액이 정당한 최저매각가격이라 보기 어려울 때에는 재평가를 신청할 수 있는 것이다.

재평가사유가 있음에도 재평가하지 않은 경우 매각불허가신청과 매각허가결정에 대한 항고로 다툴 수 있다. 필자가 경험한 바에 의하면 재감정과 관련한 신청이 인용되려면 위 판례에서 설시한 "특별한 사정"을 명확히 입증하여야 한다.

제2장

특수물건의 이해

1. 공들인 만큼 거둬라

소위 특수물건란 유치권, 법정지상권, 선순위임차인, 선순위가등기, 공유지분, 맹지 등 리스크가 있는 물건을 말한다. 따라서 이런 물건에는 경쟁자가 적다. 외견상 하자가 있으므로 이를 온전한 물건으로 만드는 과정에서 시간이 소요된다. 하지만 온전한 물건으로 완성될 경우 수익성이 높다는 메리트가 있다. 그러면 특수물건의 해결이 반드시 큰 이익으로 연결되는지 살펴 본다.

아래의 사안은 속초의 토지가 경매로 나왔다. 경매의 형태가 공유물분할을 위한 경매이다.

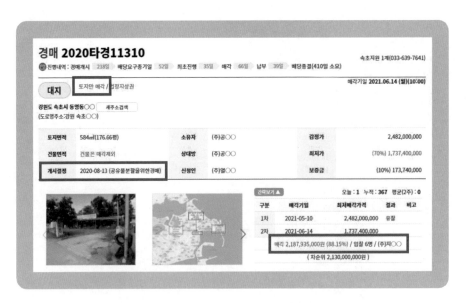

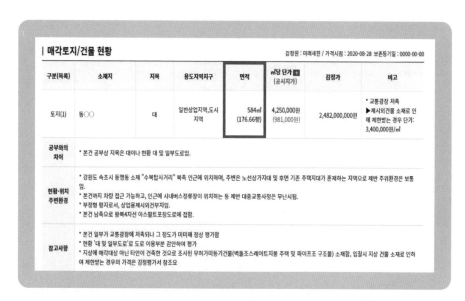

구분(목록)	소재지	지목	용도지역지구	면적	㎡당 단가 (공시지가)	감정가	비고
토지(1)	동○○	대	일반상업지역,도시지역	584㎡ (176.66평)	4,250,000원 (981,000원)	2,482,000,000원	* 교통광장 저촉 ▶제시외건물 소재로 인해 제한받는 경우 단가: 3,400,000원/㎡
공부와의 차이	* 본건 공부상 지목은 대이나 현황 대 및 일부도로임.						
현황·위치 주변환경	* 강원도 속초시 동명동 소재 "수복탑사거리" 북측 인근에 위치하며, 주변은 노선상가지대 및 후면 기존 주택지대가 혼재하는 지역으로 제반 주위환경은 보통임. * 본건까지 차량 접근 가능하며, 인근에 시내버스정류장이 위치하는 등 제반 대중교통사정은 무난시됨. * 부정형 평지로서, 상업용제시외건부지임. * 본건 남측으로 왕복4차선 아스팔트포장도로에 접함.						
참고사항	* 본건 일부가 교통광장에 저촉되나 그 정도가 미미해 정상 평가함 * 현황 '대 및 일부도로'로 도로 이용부분 감안하여 평가 * 지상에 매각대상 아닌 타인이 건축한 것으로 조사된 무허가미등기건물(벽돌조스레이트지붕 주택 및 파이프조 구조물) 소재함, 입찰시 지상 건물 소재로 인하여 제한받는 경우의 가격은 감정평가서 참조요						

그런데 위 공유물분할경매 이전에 아래와 같이 지분경매가 진행되었다.

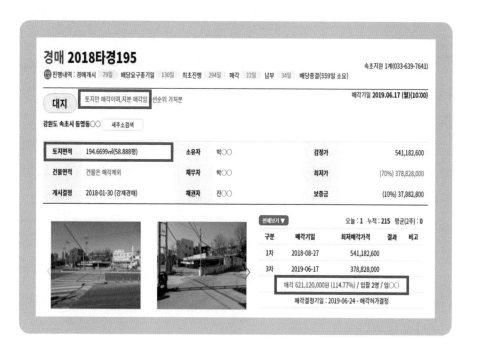

감정원: 은하 / 가격시점: 2018-02-13 보존등기일: 0000-00-00

| 매각토지/건물 현황

구분(목록)	소재지	지목	용도지역지구	면적	㎡당 단가	감정가	비고
토지	동○○	대	일반상업지역,도시지역	전체 584㎡ (176.66평) 중 지분:194.67㎡ (58.888평)	2,780,000원	541,182,600원	☞ 전체면적 584㎡중 박○○ 지분 6/18 매각 ▶제시외 건물이 토지에 미치는 영향 고려시 평가액:486,621,700원

구분(목록)	소재지	층	현황	구조	면적	감정가	비고
제시외	동○○	단층	주택 및 점포	경량철골조 스레트 및 판넬지붕	260㎡ (78.65평)		매각제외 * 지적개황도상
			계				

전체 과정을 살펴보면 일단 공유물분할경매를 신청한 자는 공유지분을 경매로 낙찰받은 자이다. 분할을 위한 협상을 했으나 원만히 해결되지 않아서 공유물분할을 위한 소송을 진행하였을 것이다. 그 결과 공유물 전체를 경매대상물로 하고 매각대금을 지분만큼 안분하라는 판결을 받고, 그 판결문에 기하여 공유물분할경매를 신청한 것이다.

지분을 낙찰받고 소송과 경매를 거쳐 배당을 받기까지 무려 2년이라는 시간이 흘렀다. 배당금을 산출하면 낙찰가 218,793만 원 × 1/3 = 72,931만 원이다.

그럼 2년 동안 애쓴 수익률은 얼마인지 산정해보자. 지분의 낙찰금액에 대비하여 전체 경매에서 받은 배당금액을 비교해 보면 된다. 62,112만 원을 투자하여 2년 후 10,819만 원의 수익을 거둔 것이다. (72,931만 원 - 62,112만 원 = 10,819만 원)

연 8.7% 수익률이 나온다. (소송상 비용은 고려하지 않음) 수익률 성적의 판단에 대하여 개인차가 있겠지만 특수물건으로 애쓴 것에 비하면 수익률이 미미하다고 판단된다.

특수물건에 대한 입찰(투자)은 하자있는 물건을 온전한 물건으로 바꾸는 과정이다. 지분경매는 지분이라는 하자를 거래가 용이한 형태로 바꾸는 것이고, 법정지상권 물건은 건물과 토지가 분리된 하자를 온전하게 결합시키는 것이고, 유치권, 선순위 임차보증금, 선순위 가등기 물건은 그 실체가 허위라는 것을 입증하는 과정이다.

특수물건의 형태는 대부분 원만하고 조속한 해결이 드물다. 해결의 시간이 필요하다. 그렇다면 그 시간이 지나는 과정에 의미가 있어야 한다. 그 시간이 수익률을 올리는 지렛대 역할을 하여야 한다. 즉 특수물건이라는 형태도 중요하지만 해결에 필요한 시간이 레버리지 역할을 할 입지인지 여부도 중요한 것이다. 공들인 만큼 수익을 거두어야 할 것 아닌가?

군산지원 2016타경4455와 2018타경104205호 경매건도 함께 비교해 보시라.

다음으로 특수물건에 대하여 하나씩 살펴보자

2. 지분경매

공유지분을 낙찰받은 후 거래가 용이한 형태로 바꾸는 과정을 설명하면,

첫째, 지분만큼 물리적으로 분할시키는 방법으로, 토지는 가능하지만 건물은 거의 불가능하다. 이를 현물분할이라 한다.

둘째, 낙찰자가 자신의 지분을 매각하거나, 다른 지분권자의 지분을 매입하는 형태이다. 이를 가격분할이라 한다.

셋째, 공유물 전체를 매각하여 매각대금을 지분만큼 나누는 방법이다. 이를 대금분할이라 한다.

위 방법에 대하여 합의가 되면 다행이지만 합의가 안되면 결국 소송을 통하여 위 과정을 진행해야 한다. 소송과정에서 현물분할과 가격분할로 마무리되는 경우는 드물다. 보통 공유물 전체를 매각하여 대금분할하라는 판결로 마무리된다. 그 판결문으로 공유물 전체에 대하여 경매를 진행시킨다. 매각대금을 지분만큼 나누어 배당받음으로 종결된다.

지분낙찰자가 수익을 실현시키는 방법은 다른 지분권자의 경매취하 요구에 대하여 동의서를 작성해주고 일정 댓가를 받는 방법과 위의 3가지 방법을 사용하여 수익을 실현하는 것이다.

지분경매 시 지분권자가 너무 많은 경우 해결의 시간이 길어질 수 있다는 점을 유의해야 한다. 그리고 지분을 낙찰받고 점유자를 명도할 수 있는지 여부를 잘 따져보아야 한다.

판례는 다수지분권자는 관리행위로서 소수지분권자에 대하여 공유물 인도를 구할 수 있다고 보고, 소수지분권자에 관하여는 다른 소수지분권자에 대하여 공유물인도청구를 하거나 1/2 지분권자가 다른 1/2지분권자에 대하여 공유물인도청구를 하는 것은 보존행위로서 가능하다고 보고 있다.

아래의 사례는 아파트의 지분을 경매로 취득하고 수익을 창출하는 과정의 예이다.

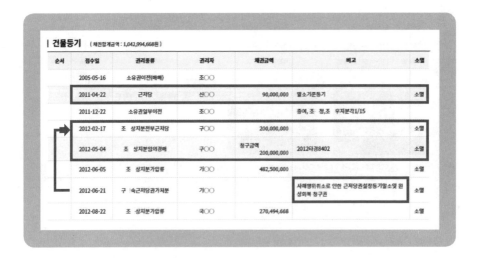

매각토지/건물 현황

감정원 : 재우 / 가격시점 : 2012-05-05 보존등기일 : 0000-00-00

구분(목록)	면적	감정가	비고
토지	대지권 913.5㎡(276.334평) 중 30.44㎡(9.208평)	171,946,665원	☞ 전체면적 35.1238㎡중 조○○지분 13/15 매각

구분(목록)	현황/구조	면적	감정가	비고
건물	방3,욕실2,주방,발코니2 등	73.61㎡ (22.267평)	105,386,665원	☞ 전체면적 84.94㎡중 조○○지분 13/15 매각 * 가스보일러, 개별난방 사용승인일:2000-07-07

현황·위치 주변환경	* 흥은사거리 남서측 인근에 위치, 인근은 중소규모단지의 아파트단지와 다세대주택, 도로변 점포등이 소재하는 주거지역으로 제반 주위환경은 보통임 * 본건까지 차량 통행 가능하고 인근의 도로에서 버스등 전철등 제반 대중교통 이용가능하는등 제반 교통여건은 무난한 편임 * 부정형의 토지로 인접필지와 완만 경사를 가지며, 아파트의 건부지로 이용중임,차량접근 완활함

임차인 현황

말소기준일(소액) : 2011-04-22 배당요구종기일 : 2012-07-18

목록	임차인	점유부분/기간	전입/확정/배당	보증금/차임	대항력	분석	기타
1	손○○	주거용 1001호	전입: 2005-08-18 확정:미상 배당: 없음		미상	배당금없음 보증금 전액 매수인 인수 대항력 여지 있음 (전입일 빠름).	
기타사항	☞소유자 가족이 본건 목적물(방3개) 전부를 점유함 ☞소유자 모친 손 의 진술과 주민등록등본을 참고로 하여 조사함 ☞모친의 진술에 의하면 소유자 가족이 본건 목적물 전부를 점유하고 있다고 하나, 주민등록전입자는 소유자가 아닌 손 의 주민등록등본이 발급되므로 임대차관계조사서에 일응 임차인으로 등재함						

그러면 15분의 13 지분이 경매의 대상물이다. 그리고 전입자로 소유자의 모친이 등장한다.

건물등기

채권합계금액 : 1,042,994,668원

순서	접수일	권리종류	권리자	채권금액	비고	소멸
	2005-05-16	소유권이전(매매)	조○○			
	2011-04-22	근저당	신○○	90,000,000	말소기준등기	소멸
	2011-12-22	소유권부이전	조○○		증여, 조 정,조 우지분각1/15	
	2012-02-17	조 상지분전부근저당	구○○	200,000,000		소멸
	2012-05-04	조 상지분임의경매	구○○	청구금액 200,000,000	2012타경8402	소멸
	2012-06-05	조 상지분가압류	가○○	482,500,000		소멸
	2012-06-21	구 ㅣ숙근저당권가처분	가○○		사해행위취소로 인한 근저당권설정등기말소및 원상회복 청구권	소멸
	2012-08-22	조 상지분가압류	국○○	270,494,668		소멸

신한은행이 아파트 전체에 대하여 근저당권을 설정한 후 소유자는 자신의 지분 2/15를 자녀로 추정되는 자에게 증여하였다. 그리고 남은 13/15에 대하여 개인채권자에게 근저당권을 설정하였고 개인채권자는 약 3개월 후 임의경매를 신청하였다. 이에 소유자가 개인채권자에게 근저당권을 설정한 행위는 사해행위에 해당한다는 취지로 기술보증기금은 가처분을 완료한 상태이다. 소유권 전체에 대하여 근저당권을 설정한 신한은행이 별도의 경매신청을 하지 않았기 때문에 지분에 대하여만 경매가 진행되는 상황이다. 앞서 경매에서 대금의 미납자가 있어서인지 단독으로 낙찰받았다. 말소기준권리보다 앞선 전입자 때문에 대금을 미납하였을 가능성도 있지만 전입자는 소유자의 모친으로 해결이 가능하다. 낙찰자는 대금을 완납하고 인도명령결정까지 받았다. 그 후 전소유자와 명도협상하였고 전소유자와 임대차계약을 하였다. 그 후 나머지 지분 2/15를 어떻게 정리하였을까?

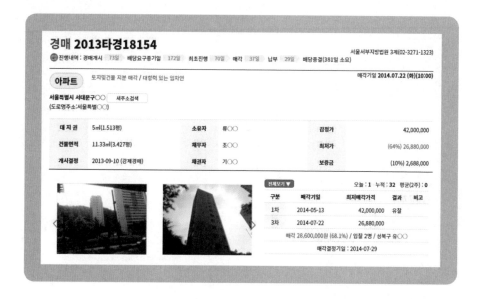

매각토지/건물 현황

감정원 : 연우 / 가격시점 : 2013-09-16 보존등기일 : 0000-00-00

구분(목록)	면적	감정가	비고
토지	대지권 913.5㎡(276.334평) 중 5㎡(1.513평)	25,200,000원	☞ 전체면적 35.1238㎡중 조 상 지분 2/15 매각

구분(목록)	현황/구조	면적	감정가	비고
건물	14층 중 10층 방3, 거실, 주방/식당, 욕실2, 발코니 등	11.33㎡ (3.427평)	16,800,000원	☞ 전체면적 84.94㎡중 조 상 지분 2/15 매각 사용승인일 : 2000-07-07

현황·위치 주변환경	* 흥은사거리 남서측 인근에 위치하며, 주위는 아파트단지, 단독주택, 다세대주택, 근린생활시설 등 소재하여 주거지로서 주위환경 보통 * 본건까지 차량접근 가능하며, 인근에 버스정류장 및 홍제역(3호선)이 소재하여 대중교통의 편의도는 보통임 * 부정형의 아파트 건부지로 이용중이며 완만한 경사지임.단지내 포장도로를 이용하여 외곽 공도와 연계됨

임차인 현황

말소기준일 : 2013-09-10 소액기준월 : 2014-07-22 배당요구종기일 : 2013-11-22

목록	임차인	점유부분/기간	전입/확정/배당	보증금/차임	대항력	분석	기타
1	손○○	주거용 일부 방1칸	전입: 2005-08-18 확정: 미상 배당: 2013-10-22	보20,000,000원	있음	소액임차인 주임법에 의한 최우선변제 액 최대 3,200만원 순위배당 없음 미배당 보증금 매수인 인수	
2	최○○	주거용 일부 방1칸	전입: 2013-03-12 확정: 미상 배당: 2013-10-21	보29,000,000원	있음	소액임차인 주임법에 의한 최우선변제 액 최대 3,200만원 순위배당 없음 미배당 보증금 매수인 인수	

기타사항	☞폐문부재로 안내문을 남겨두고 왔으나 아무 연락이 없어 점유관계 미상이나, 이건 목적물 상의 주민등록 전입자는 소유자가 아닌 세대주 손 , 최 의 주민등록등본이 발급되므로 그들의 등본에 의해 임대차관계조사서에 일응 임차인으로 등재함 ☞ 손 , 최 : 계약서상 임대인에 "조 상"만 기재되어 있음 임차인수: 2명 , 임차보증금합계: 49,000,000원

공유지분 2/15에 대하여 기술보증기금이 강제경매를 신청하였다. 기술보증기금은 공유지분13/15에 대한 근저당권설정행위에 대하여 사해행위를 근거로 가처분을 하였을 뿐만 아니라, 증여된 공유지분 2/15에 대하여 사해행위 취소소송을 통하여 원소유자에게 반환시킨 후 강제경매를 신청한 것이다.

건물등기

순서	접수일	권리종류	권리자	채권금액	비고	소멸
갑(7)	2005-05-16	소유권이전(매매)	조○○			
갑(14)	2013-06-13	조 상지분전부이전	류○○		임의경매로 인한 매각(2012타경8402),지분 15 분의 13	
갑(18)	2013-09-10	조 상지분강제경매	기○○	청구금액 591,861,646	말소기준등기 2013타경18154	소멸

앞서 공유지분 13/15의 낙찰자는 기술보증기금 덕분에 별도의 공유물분할절차를 거쳐야 하는 수고로움을 덜게 되었다. 공유지분 2/15의 입찰에서 공유자우선매수신청을 제대로 행사하면 전체의 소유권을 취득하게 되는 것이다. 공유지분 2/15의 입찰에서 한 명의 입찰자가 있었고 13/15의 공유지분 소유자는 공유자우선매수신청권을 행사하였다. 그 입찰자의 입장에서는 허망할 것이다.

이렇게 공유자가 우선매수신청하는 경우 경매의 준비과정이 헛수고로 될 수 있다는 점을 알아야 한다. 타짜는 우선매수청구권의 행사가능성도 판단하고 입찰한다. 하지만 공유물전체에 대한 경매(공유물분할을 위한 경매)에서 지분권자는 우선매수청구권을 행사할 수 없으며, 3자와 동일하게 경쟁입찰을 하여야 한다. 만일 공유물분할을 위한 경매에서 공유지분권자가 낙찰을 받으면 매각허가결정전에 상계신청을 하고 자신의 지분을 제외한 나머지 지분에 대한 대금을 납부한다. 취득세도 자신의 지분을 제외한 나머지 부분에 대하여 납부하면 되는 것이다.

주의할 것은 아래와 같은 경매는 엄밀한 의미의 지분경매가 아니다.

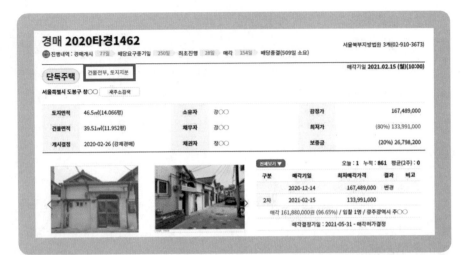

경매 2020타경1462

서울북부지방법원 3계(02-910-3673)

● 진행내역 : 경매개시 77일 / 배당요구종기일 250일 / 최초진행 28일 / 매각 154일 / 배당종결(509일 소요)

단독주택　건물전부, 토지지분

매각기일 2021.02.15 (월)(10:00)

서울특별시 도봉구 창○○　새주소검색

토지면적	46.5㎡(14.066평)	소유자	강○○	감정가	167,489,000
건물면적	39.51㎡(11.952평)	채무자	강○○	최저가	(80%) 133,991,000
개시결정	2020-02-26 (강제경매)	채권자	장○○	보증금	(20%) 26,798,200

전체보기 ▼　오늘 : 1 / 누적 : 861 / 평균(2주) : 0

구분	매각기일	최저매각가격	결과	비고
	2020-12-14	167,489,000	변경	
2차	2021-02-15	133,991,000		

매각 161,880,000원 (96.65%) / 입찰 1명 / 광주광역시 주○○

매각결정기일 : 2021-05-31 - 매각허가결정

| 매각토지/건물 현황

감정원 : SJ / 가격시점 : 2020-03-07 보존등기일 : 0000-00-00

구분(목록)	소재지	지목	용도지역지구	면적	㎡당 단가ⓘ	감정가	비고
토지	창○○	대	대공방어협조구역, 상대보호구역,도시지역,가족... 📷	전체 93㎡(28.133평)중 지분:46.5㎡(14.066평)	3,450,000원	160,425,000원	☞ 전체면적 93㎡중 갑구 17번 강○○ 지분 1/2 매각

구분(목록)	소재지	층	현황	구조	면적	㎡당 단가	감정가	비고
건물	우○○	1층	주택	연와조 세멘와즙	27.01㎡(8.171평)	200,000원	5,402,000원	사용승인일:1976-08-23
			계		27.01㎡(8.171평)		5,402,000원	
제시외	우○○	단층	거실	조적조	6.9㎡(2.087평)	180,000원	1,242,000원	매각포함
제시외	우○○	단층	다목도실	조적조	2.8㎡(0.847평)	100,000원	280,000원	매각포함
제시외	우○○	단층	차양	조적조	2.8㎡(0.847평)	50,000원	140,000원	매각포함
			계		12.5㎡(3.781평)		1,662,000원	

현황·위치 주변환경	* 서울신화초등학교 북서측 인근에 위치하며, 주변은 단독주택, 다세대·연립주택, 근린생활시설 등이 혼재하는 지역으로 제반주위환경은 보통시임. * 본건까지 제반차량 출입이 가능하며, 인근에 노선버스정류장이 소재하는 등 제반교통여건은 보통시임. * 대체로 동고평탄한 사다리형의 토지로서 주택 건부지로 이용중임. * 본건 남서측으로 노폭 약 4m 내외의 보도블럭 포장도로에 접함.
참고사항	* 감정평가서에 의하면 본건 건물 지하부분은 현황 소재불명 상태임 * 본건 제시목록은 토지의 공유지분과 구분소유건물로 본건 토지 지상에 1개동의 건물이 앞으며 이 건물은 제1호와 제2호로 구분소유되고 있음. 본건 건물의 위치확인은 제1호 거주자 탐문과 도로명주소 등으로 확인하였음.

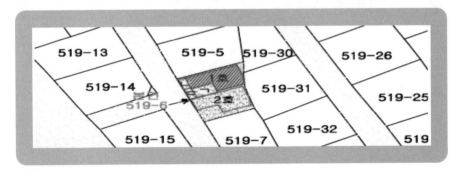

토지의 1/2지분, 건물 제1호가 경매대상물이다. 토지는 지분의 형태로 부동산등기부에 남아있지만 실질은 건물 제1호와 제2호의 점유부분으로 구분된 것이다. 이를 구분소유적 공유관계라 한다.

관련 판례 1동의 건물에 대하여 구분소유가 성립하기 위해서는 객관적·물리적인 측면에서 1동의 건물이 존재하고, 구분된 건물부분이 구조상·이용상 독립성을 갖추어야 할 뿐 아니라, 1동의 건물 중 물리적으로 구획된 건물부분을 각각 구분소유권의 객체로 하려는 구분행위가 있어야 한다. 여기서 구분행위는 건물의 물리적 형질에 변경을 가함이 없이 법률관념상 건물의 특정 부분을 구분하여 별개의 소유권의 객체로 하려는 일종의 법률행위로서, 그 시기나 방식에 특별한 제한이 있는 것은 아니고 처분권자의 구분의사가 객관적으로 외부에 표시되면 인정된다. (대법원 2013. 1. 17. 선고 2010다71578 전원합의체 판결)

구분(목록)	소재지	지목	용도지역지구	면적	㎡당 단가 (공시지가)	감정가	비고
토지(1)	석○○	잡종지	과밀억제권역,일반공업지역	전체 572㎡ (173.03평) 중 지분49.5㎡ (14.974평)	700,000원 (1,253,000원)	34,650,000원	▶572㎡중 갑구26번 한○○ 지분 49.5/572
토지(2)	석○○	공장용지	과밀억제권역,일반공업지역	전체 1285㎡ (388.713평) 중 지분294.5㎡ (89.086평)	1,760,000원 (1,137,000원)	518,320,000원	▶1285㎡중 갑구43번 한○○ 지분 294.5/1285
	계			344㎡ (104.06평)		552,970,000원	

구분(목록)	소재지	층	현황	구조	면적	㎡당 단가	감정가	비고
건물(3)	길○○	1층	공장	일반철골구조 (철근)콘크리트지붕	172㎡ (52.03평)	601,000원	103,372,000원	사용승인일:2016-09-19
건물(3)	길○○	2층	공장	일반철골구조 (철근)콘크리트지붕	172㎡ (52.03평)	601,000원	103,372,000원	사용승인일:2016-09-19
	계				344㎡ (104.06평)		206,744,000원	

공장경매 중 상당수가 토지지분형태가 나타난다. 왜냐하면 도로지분을 포함하고 있기 때문이다. 도로지분이 포함되지 않고 경매가 진행된 사실을 모르고 낙찰받아서 낭패를 보는 경우도 보았다. 위 공장경매에 포함된 토지는 공장을 위한 도로와 공장이 점유하는 토지인데 모두 지분이다. 하지만 건물은 단독소유이다. 구분소유적 공유관계로 볼 수 있다. 이런 경우 공유자의 우선매수신청을 인정하지 않는다. 매각물건명세서에 명시하고 있다.

비고란
1. 일괄매각
2. 물건1,2- 지분경매 (공유자 우선매수권 없음)
3. 물건 1. - 공부상 답용지 이나 현장 도로
4. 제시외건물 매각에 포함.
5. 물건 2. 토지 중 일부에 옹벽에 따른 잔여지가 소재하여 감안하여 평가함.
6. 물건 4. 기계기구는 "소재불명", 단, 소유자비상의 기계기구 4점 소재

3. 법정지상권

법정지상권은 건물과 토지 중 하나만 경매로 나왔을 때 문제된다. 지상권이란 토지를 사용.수익하기 위해서 합의로 토지등기에 설정하는 권리인데, 법정지상권은 합의가 없어도 법에서 인정하는 지상권이다.

민법 제366조(법정지상권) 저당물의 경매로 인하여 토지와 그 지상건물이 다른 소유자에 속한 경우에는 토지소유자는 건물소유자에 대하여 지상권을 설정한 것으로 본다.

법정지상권의 요건의 핵심은 저당권설정 당시 토지와 건물의 소유자가 동일인이어야 한다는 점이다. 그러므로 토지에 저당권이 설정된 후 건물이 건축된 경우에는 법정지상권이 성립될 수 없다.

이 법정지상권이 성립되면 토지소유자는 지상권의 법정기간동안 토지 사용에 제한을 받게 되며 건물철거를 요구할 수 없다. 따라서 법정지상권이 인정되면 토지소유자는 큰 불이익을 감수해야한다.

민법에서 정한 법정지상권 외에도 관습법상 법정지상권이 있다. 이는 민법에서 규정하는 요건을 갖추지 않았다 하더라도 동일인에게 속하였던 토지와 건물 중 어느 일방이 매매 기타 일정 원인에 의해 각각 소유자를 달리하게 된 때에 그 건물을 철거한다는 특약이 없으면 건물소유자가 당연히 취득하게 되는 법정지상권이다. 이는 현행법이 인정하는 법정지상권(입목에 관한 법률, 민법 등)과는 달리 판례에 의하여 인정된 법정지상권이다. 토지 또는 건물 중의 어느 일방에 제한물권(전세권이나 저당권)의 존재를 전제하지 않는 점에서 통상의 법정지상권과는 다르다.

아래의 물건은 지분과 법정지상권이 복합된 사례이다.

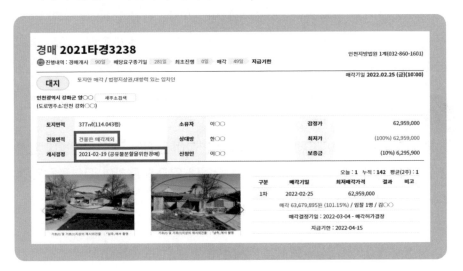

건물은 매각에서 제외되고 토지만 경매대상이다.

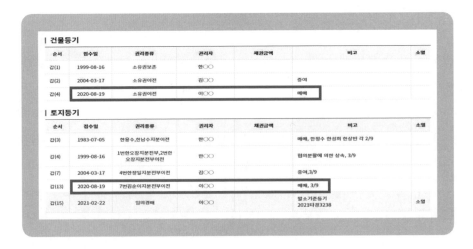

경매신청권자 이모씨는 토지의 1/3지분과 건물 전체를 2020. 8. 19. 매입을 하였다. 그리고 토지의 지분권자를 상대로 공유물분할소송을 거쳐 토지에 대하여 공유물분할을 위한 경매를 신청한 것이다. 그렇다면 법정지상권이 성립되는 것인가? 판례에 따르면 성립하지 않는다.

건물과 토지 중 하나만 경매로 진행될 때 법정지상권 인정되는 경우와 인정되지 않는 경우로 나누어 이해하면 된다.

법정지상권이 인정되는 경우 건물을 사용, 수익하는데 지장이 없지만 토지사용료는 부담하여야 한다. 만일 토지사용료를 지급하지 않으면 토지 소유자는 부당이득 반환청구 소송을 통하여 취득한 판결문으로 건물에 대하여 강제경매를 신청할 수 있다.

법정지상권이 인정되지 않는 경우 건물은 철거대상이 된다. 토지주는 건물철거소송을 진행하면서 건물등기에 건물철거 및 토지인도청구권의 가처분을 할 것이다. 또한 건물소유자의 토지사용에 대하여 부당이득 반환청구 소송 후 취득한 판결문으로 건물에 대하여 강제경매를 신청할 수 있다. 누가 그 건물을 낙찰받겠는가? 상당히 유찰된 후 토지주가 낙찰받을 것이다. 토지와 건물 중 약한 녀석은 건물이다.

토지소유자와 건물소유자가 다른 경우 협상을 통해서 한쪽이 상대에게 대가를 지급받고 매도하여 토지와 건물의 소유를 일치시키든지, 둘 다 매각하여 대금을 나누거나, 건물과 토지를 공동소유로 지분비율로 나눌 수 있다. 하지만 협상으로 마무리될 가능성은 거의 희박하다.

4. 유치권

민법 제320조는 유치권을 타인의 물건이나 유가증권을 점유하고 있는 자가 그 물건이나 유가증권에 관하여 발생한 채권에 대하여 변제를 받을 때까지 물건이나 유가증권을 유치할 수 있는 권리로 규정하고 있다.

부동산경매에 등장하는 유치권은 경매물건에 대하여 공사를 한 자가 그 공사대금을 받을 때까지 부동산을 점유하는 형태로 나타난다.

그런데 경험에 의하면 부동산경매와 관련된 유치권의 대다수가 법적요건을 갖추지 못했다. 유치권의 요건을 압축하면 공사대금채권이 있어야 하고, 적법한 점유가 유지되어야 한다. 낙찰자 입장에서 공사대금채권의 유무, 금액에 대하여 다투기보다 점유의 하자를 입증하여 유치권을 깨기가 쉽다. 워낙 허위 유치권의 신고가 많아서 법원도 허위임이 농후한 사안은 쉽게 인도명령결정을 내린다. 그래도 낙찰자는 인도명령신청서를 작성할 때 근거와 입증자료를 꼼꼼하게 작성하여야 한다.

점유와 관련된 대법원 판례를 소개한다.

관련 판례 채무자 소유의 부동산에 경매개시결정의 기입등기가 경료되어 압류의 효력이 발생한 이후에 채권자가 채무자로부터 위 부동산의 점유를 이전받고 이에 관한 공사 등을 시행함으로써 채무자에 대한 공사대금채권 및 이를 피담보채권으로 한 유치권을 취득한 경우, 이러한 점유의 이전은 목적물의 교환가치를 감소시킬 우려가 있는 처분행위에 해당하여 민사집행법 제92조 제1항, 제83조 제4항에 따른 압류의 처분금지효에 저촉되므로, 위와 같은 경위로 부동산을 점유한 채권자로서는 위 유치권을 내세워 그 부동산에 관한 경매절차의 매수인에게 대항할 수 없고 (대법원 2005. 8. 19. 선고 2005다22688 판결 참조), 이 경우 위 부동산에 경매개시결정의 기입등기가 경료되어 있음을 채권자가 알았는지 여부 또는 이를 알지 못한 것에 관하여 과실이 있는지 여부 등은 채권자가 그 유치권을 경락인에게 대항할 수 없다는 결론에 아무런 영향을 미치지 못한다고 하겠다(대법원 2006. 8. 25. 선고 2006다22050)

관련 판례 유치권의 성립요건인 유치권자의 점유는 직접점유이든 간접점유이든 관계없지만, 유치권자는 채무자의 승낙이 없는 이상 그 목적물을 타에 임대할 수 있는 처분권한이 없으므로(민법 제324조 제2항 참조), 유치권자의 그러한 임대행위는 소유자의 처분권한을 침해하는 것으로서 소유자에게 그 임대의 효력을 주장할 수 없고, 따라서 소유자의 동의 없이 유치권자로부터 유치권의 목적물을 임차한 자의 점유는 구 민사소송법(2002. 1. 26. 법률 제6626호로 전문 개정되기 전의 것) 제647조 제1항 단서에서 규정하는 '경락인에게 대항할 수 있는 권원'에 기한 것이라고 볼 수 없다. (대법원 2002. 11. 27.자 2002마3516 결정)

아래의 사례는 인천 강화군 소재의 주택경매이다. 외관을 보면 건축이
완성되지 못하였다.

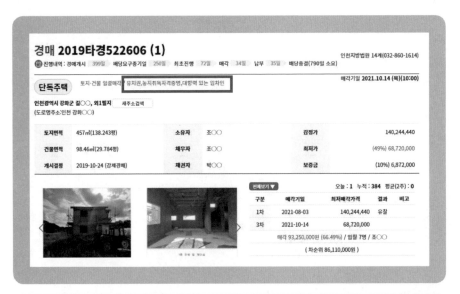

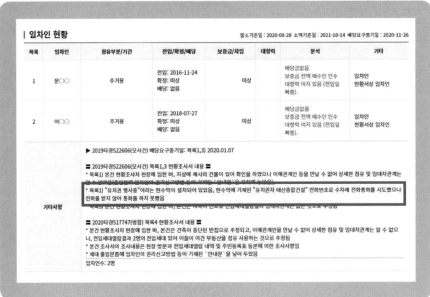

공사가 진행되었음은 육안으로 확인되며, 유치권행사 중이다. 그럼에도 불구하고 7명이 입찰하였고 대금을 완납하였다. 탐문을 열심히 하면 유치권의 진위여부를 알 수 있다. 요즘 경매투자자의 실력이 좋아서 이 정도 유치권은 어렵지 않게 접근하는 추세이다.

다음의 사례는 김포의 토지경매이다. 지상 구조물 공사를 마감하지 못한 상태에서 경매가 진행되었다.

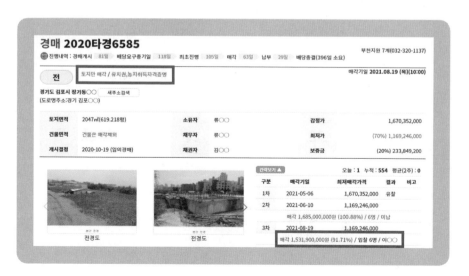

임차인 현황						말소기준일(소액) : 2016-12-29 배당요구종기일 : 2021-01-08	
목록	임차인	점유부분/기간	전입/확정/배당	보증금/차임	대항력	분석	기타
1	주식회사 건설	점포 미상(공사면적 약 120평 규모)	사업: 미상 확정: 미상 배당: 없음	미상	없음	배당금없음	임차인 건축물 공사중,건축공 사업자
기타사항		* 현장에 임하여 인접토지(같은 리 115-7) 지상의 컨테이너 사무실에 있는 (주식회사 건설의 현장책임자)를 만나 본건 부동산 지상에 진행 중인 공사관계를 탐문한 바, 위 건설이 공사를 진행하다 일시 중단된 상태로 공사현장을 관리중이라하므로 본건 부동산의 점유관계를 확인하기 위 해 방문한 취지를 설명하고 안내문을 교부하였음. 위 주 에 의하면, 위 건설에서 채무자의 의뢰를 받아 약 240평 규모의 건물을 신축하던 중(지 하1층부터 지상 1층 바닥까지 토목공사 및 골조공사를 진행) 공사비를 받지 못하고 공사가 중단된 상태로 동 공사현장을 관리중에 있다 하며, 조만 간 유치권행사 여부를 결정할 것이라고 하는 바, 위 주식회사 건설을 임차인 란에 기재하여 보고함.					

주의사항
▶2020.12.4. 주식회사 건설로부터 공사대금 437,000,000원 유치권에 의한 권리신고함. 유치권 성립여부는 불분명
▶최고가매수인 농지취득자격증명신청시 농지취득자격증명발급심사요령 제9조의 2(농지전용사업이 시행중인 경매농지에 대한 자격증명 발급)에 의거 검토 필요(김포시농업 기술센터 농정과 사실조회서 회신)
▶을구15번 2006.6.12. 제34186호로 경료된 지상권설정등기는 매각으로 말소됨(신청채권자의 말소 동의서 제출)

공사를 하였고, 점유도 유지하는 것으로 추정됨에도 감정가의 91%에 낙찰되었다. 해결의 팁이 되는 판례를 소개한다.

유치권을 주장하는 건물점유자를 상대로 건물철거소송을 하여 승소한 판례의 내용이다.

관련 판례 건물점유자가 건물의 원시취득자에게 그 건물에 관한 유치권이 있다 고 하더라도 그 건물의 존재와 점유가 토지소유자에게 불법행위가 되고 있 다면 그 유치권으로 토지소유자에게 대항할 수 없다 (출처 : 대법원 1989. 2. 14. 선 고 87다카3073 판결).

따라서 건물철거의 대상이 된다. 그리고 토지에 설치된 펜스는 인도명 령의 대상이 아니라 철거소송의 대상이다.

다음은 낙찰 후 유치권신고가 있는 경우 매각불허가사유에 해당하는

지에 대한 판례의 내용이다.

관련
판례 　부동산 임의경매절차에서 매수신고인이 당해 부동산에 관하여 유치권이 존재하지 않는 것으로 알고 매수신청을 하여 이미 최고가매수신고인으로 정하여졌음에도 그 이후 매각결정기일까지 사이에 유치권의 신고가 있을 뿐만 아니라 그 유치권이 성립될 여지가 없음이 명백하지 아니한 경우, 집행법원으로서는 장차 매수신고인이 인수할 매각부동산에 관한 권리의 부담이 현저히 증가하여 민사집행법 제121조 제6호가 규정하는 이의 사유가 발생된 것으로 보아 이해관계인의 이의 또는 직권으로 매각을 허가하지 아니하는 결정을 하는 것이 상당하다 (대법원 2005. 8. 8.자 2005마643 결정).

관련
판례 　임대차계약에서 "임차인은 임대인의 승인하에 개축 또는 변조할 수 있으나 부동산의 반환기일 전에 임차인의 부담으로 원상복구키로 한다"라고 약정한 경우, 이는 임차인이 임차 목적물에 지출한 각종 유익비의 상환청구권을 미리 포기하기로 한 취지의 특약이라고 봄이 상당하다. 따라서 임차인이 유치권을 주장하지 못한다 (대법원 1995. 6. 30. 선고 95다12927 판결).

보통 임대차계약서에 원상회복의 특약이 포함되어 있으므로 임차인이 유치권을 주장하는 경우 임대차계약서를 확인할 필요가 있다.

대출을 실행한 은행이 유치권자에게 유치권 포기각서를 사전에 받아두는 경우가 있다. 유치권자가 스스로 유치권을 포기하였으므로 쉽게 접근할 수 있다. 하지만 유치권 포기각서를 작성한 유치권자 외의 다른 유치권자가 있을 수 있다. 이 점도 유의하여야 한다.

아무리 허위의 유치권이라 하더라도 매각대금을 납부하여야 허위 유치권자와 싸울 자격이 있다. 유치권과 관련된 물건은 대출의 어려움이 있다는 점 앞서 설명하였으니 유념하기 바란다. 만일 유치권자와 사전협상을 완료하고 입찰에 참여하려면 유치권 포기각서가 법적효력이 인정되고 대출이 가능할 정도의 문서로 작성하여야 한다.

5. 선순위 가등기

청구권보전을 위한 가등기가 선순위일 경우에는 낙찰자가 소유권이전을 완료했다 하더라도 후에 가등기권리자가 가등기에 기한 본등기를 하게 되면 낙찰자는 소유권을 상실한다. 따라서 이런 물건은 상당히 유찰을 거듭한다.

그런데 자세히 들여다보면 고의로 공모하여 선순위가등기를 설정한 것으로 추정되는 물건들이 있다. 대표적인 예로 부동산경매물건에 대하여 임차인이 대항력을 갖춘 후 설정된 가등기이다. 이런 경우 유찰이 될 수밖에 없다. 임차인이 선의의 피해자가 된다. 왜 그런지 아래의 사례를 살펴본다.

임차인 현황

말소기준일 : 2020-10-16　소액기준일 : 2021-08-11　배당요구종기일 : 2021-01-11

목록	임차인	점유부분/기간	전입/확정/배당	보증금/차임	대항력	분석	기타
1	홍○○	주거용 전부 2018.02.26.~	전입:2018-02-27 확정:2018-01-09 배당:2020-11-12	보180,000,000원	있음	순위배당 있음 미배당 보증금 매수인 인수	임차권등기자,경매신청인
	기타사항	* 임차인 홍해솔(신청채권자) 가족이 거주 * 홍해솔:임차인 홍해솔은 경매신청채권자임.						

건물등기　(채권합계금액 : 180,000,000원)

순서	접수일	권리종류	권리자	채권금액	비고	소멸
갑(25)	2019-11-01	소유권이전	(주)홍○○		매매 거래가액:188,000,000원	
갑(26)	2020-02-19	소유권이전청구권가등기	전○○		매매예약	인수
을(5)	2020-03-09	주택임차권	홍○○	180,000,000	전입:2018.02.27 확정:2018.01.09 범위:전부	
갑(27)	2020-10-16	강제경매	홍○○	청구금액 180,000,000	말소기준등기 2020타경71429	소멸
갑(28)	2020-12-30	압류	춘○○			소멸

주의사항

▶ 매각허가에 의하여 소멸되지 아니하는 것- 갑구 순위 26번 소유권이전등기청구권 가등기(2020.02.19.등기)는 말소되지 않고 매수인이 인수함. 만약 가등기된 매매예약이 완결되는 경우에는 매수인이 소유권을 상실하게 됨.

법인 소유의 아파트에 대하여 임차인이 전입신고 및 확정일자까지 완료한 후 소유권이전청구권가등기가 설정되었다. 임차인이 강제경매를 신청하였는데 최저매각가격이 49%까지 내려갔고 결국 임차인이 낙찰받았다.

이러한 문제가 발생하는 원인은 매각물건명세서상 말소기준권리를 2020. 10. 16. 강제경매개시결정으로 보기 때문이다.

매각물건명세서

사 건	2020타경71429 부동산강제경매		매각 물건번호	1	작성 일자	2021.05.07	담임법관 (사법보좌관)	박	
부동산 및 감정평가액 최저매각가격의 표시	별지기재와 같음		최선순위 설정		2020.10.16.개시결정		배당요구종기		2021.01.11

부동산의 점유자와 점유의 권원, 점유할 수 있는 기간, 차임 또는 보증금에 관한 관계인의 진술 및 임차인이 있는 경우 배당요구 여부와 그 일자, 전입신고일자 또는 사업자등록신청일자와 확정일자의 유무와 그 일자

점유자 성 명	점유 부분	정보출처 구 분	점유의 권 원	임대차기간 (점유기간)	보 증 금	차 임	전입신고 일자, 사업자등록 신청일자	확정일자	배당 요구여부 (배당요구일자)
홍	전부 전부	등기사항 전부증명 서	주거 임차인	2018.02.27.-	180,000,000		2018.02.27	2018.01.09	
	103호	현황조사	주거 임차인	2018.2.27-현 재	180,000,000		2018.02.27		
	전부	권리신고	주거 임차인	2018.02.26.-	180,000,000		2018.02.27.	2018.01.09.	2020.11.12

〈비고〉

홍   :임차인 홍 은 경매신청채권자임.

※ 최선순위 설정일자보다 대항요건을 먼저 갖춘 주택·상가건물 임차인의 임차보증금은 매수인에게 인수되는 경우가 발생 할 수 있고, 대항력과 우선변제권이 있는 주택·상가건물 임차인이 배당요구를 하였으나 보증금 전액에 관하여 배당을 받지 아니한 경우에는 배당받지 못한 잔액이 매수인에게 인수되게 됨을 주의하시기 바랍니다.

등기된 부동산에 관한 권리 또는 가처분으로 매각으로 그 효력이 소멸되지 아니하는 것

갑구 순위 26번 소유권이전등기청구권 가등기(2020.02.19.등기)는 말소되지 않고 매수인이 인수함. 만약 가등기된 매매예약이 완결되는 경우에는 매수인이 소유권을 상실하게 됨.

매각에 따라 설정된 것으로 보는 지상권의 개요

비고란	

따라서 선순위가등기권자의 본등기가 실행되면 낙찰자는 소유권을 잃는 결과가 초래된다. 누가 낙찰받겠는가? 유찰이 거듭될 수밖에 없다. 임차인이 임차보증금을 받기 위해서 경매신청을 하였는데 선순위가등기 때문에 아무도 입찰하지 않는다.

임차인의 전입신고가 있고 근저당권이 설정된 경우와 가등기가 설정된 경우를 비교하면 이해가 쉬워진다. 전자의 경우 말소기준권리가 근저당권이 되므로 인수되는 등기부상 권리는 없다. 그런데 후자의 경우는 말소기준권리가 강제경매개시결정이 되므로 가등기의 부담이 사라지지 않는다.

근저당권자가 대출을 실행하기전 임차인의 전입신고를 확인하고 선임

차인 보증금의 부담을 고려하여 대출의 정도를 정한다. 가등기권자도 가등기를 설정할 때 임차인의 전입신고를 확인할 수 있다. 그러니까 경매물건에 대하여 등장하는 권리자의 순서는 임차인, 가등기권자이다. 그럼에도 가등기권자는 손해를 입지 않고 임차인이 온전히 손해를 부담하는 결과가 도출된다. 근저당권이 설정된 경우와 완전 다른 결과가 도출되는 것이다. 그럼에도 법원실무는 선순위가등기권은 말소대상이 아니다. 통정허위표시임을 다투어 소송을 통하여서 말소하여야 한다. 대부분은 울며 겨자먹기로 임차인이 낙찰받고 가등기말소소송을 진행하여야 한다.

선순위가등기가 10년이 지났으면 본등기청구권의 존속기간이 만료하였으므로 가등기를 말소할 수 있다는 견해가 있다. 하지만 단순히 그렇게 보기는 어렵다. 본등기를 요구하는 예약완결권의 행사가 있었다면 본등기청구권의 존속기간이 10년이 만료되었다고 확신하기 어렵다. 본등기청구권은 소멸시효가 적용되므로 시효중단이라는 변수가 있기 때문이다.

다음의 사례는 선순위가등기, 지분, 맹지, 법정지상권이 혼재된 사안이다.

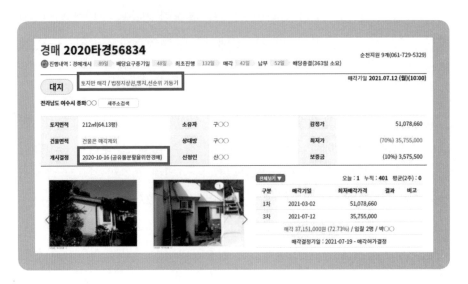

순서	접수일	권리종류	권리자	채권금액	비고	소멸
갑(4)	2009-12-31		구○○		증여, 1/2	
갑(8)	2019-12-09	이 지분전부이전	신○○		강제경매로 인한 매각(2019타경50601), 1/2	
갑(10)	2020-01-22	신 지분전부이전 청구 권가등기	주○○		매매예약, 1/2	인수
갑(11)	2020-10-16	강제경매	신○○		말소기준등기 2020타경56834	소멸
기타사항		☞ 건물등기부전산발급불가				

미등기건물은 매각대상에서 제외되고 토지만 경매로 진행되며 공유물
분할을 위한 경매이다. 즉 공유지분권자가 경매를 신청한 것이다. 그런데
등기부를 살펴보면 공유물분할을 위한 경매를 신청한 공유지분권자는
2019. 12. 9. 강제경매절차에서 지분을 낙찰받은 자이다. 그리고 2020.
1. 22. 그 공유지분에 가등기를 설정하였다.

매각물건명세서

사 건	2020타경56834 공유물분할을위 한경매		매각 물건번호	1	작성 일자	2021.06.30	담임법관 (사법보좌관)	윤	
부동산 및 감정평가액 최저매각가격의 표시	별지기재와 같음		최선순위 설정	2020.10.16.개시결정			배당요구종기	2021.01.13	

부동산의 점유자와 점유의 권원, 점유할 수 있는 기간, 차임 또는 보증금에 관한 관계인의 진술 및 임차인이 있는 경우 배당요구 여부와 그 일자, 전입신고일자 또는 사업자등록신청일자와 확정일자의 유무와 그 일자

점유자 성 명	점유 부분	정보출처 구 분	점유의 권 원	임대차기간 (점유기간)	보 증 금	차 임	전입신고 일자, 사업자등록 신청일자	확정일자	배당 요구부 (배당요구일자)
이		현황조사	주거 점유자					2012.02.15	

〈비고〉
이   지상 건물 점유자임

※ 최선순위 설정일자보다 대항요건을 먼저 갖춘 주택·상가건물 임차인의 임차보증금은 매수인에게 인수되는 경우가 발생 할 수 있고, 대항력과 우선변제권이 있는 주택·상가건물 임차인이 배당요구를 하였으나 보증금 전액에 관하여 배당을 받지 아니한 경우에는 배당받지 못한 잔액이 매수인에게 인수되게 됨을 주의하시기 바랍니다.

등기된 부동산에 관한 권리 또는 가처분으로 매각으로 그 효력이 소멸되지 아니하는 것

갑구 순위번호 10번 소유권이전등기청구권 가등기(지분 2분의 1에 대하여 2020.1.22.등기)는 말소되지않고 매수인이 인수함. 만약 가등기된 매매예약이 완결되는 경우에는 매수인이 소유권(2분의 1)을 상실하게 될

매각에 따라 설정된 것으로 보는 지상권의 개요

매각에서 제외되는 지상 건물을 위한 법정지상권 성립 여지 있음

비고란
1. 수목 포함. 지상 건물은 매각 제외
2. 감정평가액은 지상 제시외 건물 소재로 인하여 제한받는 가격임

공유물분할을 위한 경매이므로 낙찰자는 토지 전체에 대한 소유권을 취득한다. 하지만 말소기준권리는 2020. 10. 16. 경매개시결정이므로 공유지분에 대한 가등기는 말소되지 않는다. 차후에 가등기권자가 본등기를 실행하면 지분에 대한 소유권을 상실하는 구조이다. 과연 누가 입찰에 참여하겠는가? 공유지분을 낙찰받은 자가 곧바로 그 공유지분에 소유권이전등기청구권의 가등기를 설정하고, 공유물분할을 진행한다는 것은 작전으로 볼 여지가 충분하다. 공유물분할을 위한 경매를 신청한 공유지분권자가 저가로 낙찰받으려는 의도로 보인다. 만일 제3자가 낙찰받고 낙찰받은 공유지분에 가등기를 설정한다면 어떻게 되겠는가? 도돌이표 행진곡이 될 것이다.

6. 선순위 임차인

허위의 선순위 임차인인지 여부를 판단하는 몇 가지 팁을 설명한다.

1. 금융권의 대출이 있는지, 그 대출의 비율이 어느 정도인지 판단한다.
2. 무상거주확인서에 관한 내용이 있는지 확인한다. 중요한 점은 소유자가 제출한 무상거주확인서는 결정적 증거가 되지 못한다.
3. 채무자, 소유자와 친족 관계인지(이름이 비슷한지 여부)를 확인한다. 하지만 친인척 간 임대차라고 할지라도 가짜라고 함부로 단정을 지으면 안 된다.
4. 부동산등기부를 검토할 때 말소된 담보권의 이력도 살펴본다.
5. 경매가 진행된 이력이 있다면 당시의 권리관계와 현황을 확인한다.
6. 경과 과정을 엑셀로 정리하여 스토리를 추정해본다.
7. 임대차계약서에 중개사가 있는지 여부와 중개사의 사업장소를 확인한다.
8. 임차기간이 오래되었는데 임차보증금의 상승이 있는지, 보증금액이 거래관행에 부합하는지를 확인한다.
9. 우편물을 확인하고 최대한 주변탐문을 하여서 점유자를 확인한다.

관련된 사례를 살펴보겠다. 아래의 사례에서 3명의 낙찰자가 대금을 미납하였고, 최종 낙찰가는 감정가의 8.8%이다.

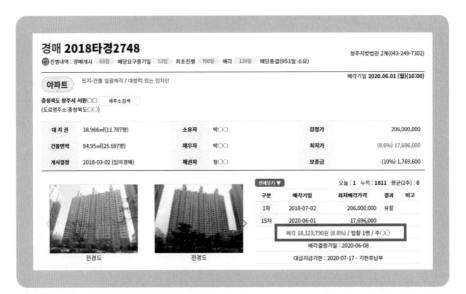

경매 **2018타경2748**

진행내역 : 경매개시 `69일` 배당요구종기일 `53일` 최초진행 `700일` 매각 `129일` 배당종결(951일 소요)

청주지방법원 2계(043-249-7302)

아파트　토지·건물 일괄매각 / 대항력 있는 임차인

매각기일 2020.06.01 (월)(10:00)

충청북도 청주시 서원○○　새주소검색
(도로명주소:충청북도○○)

대지권	38.966㎡(11.787평)	소유자	박○○	감정가	206,000,000
건물면적	84.95㎡(25.697평)	채무자	박○○	최저가	(8.6%) 17,696,000
개시결정	2018-03-02 (임의경매)	채권자	청○○	보증금	(10%) 1,769,600

전체보기 ▼　　오늘:1　누적:1811　평균(2주):0

구분	매각기일	최저매각가격	결과	비고
1차	2018-07-02	206,000,000	유찰	
15차	2020-06-01	17,696,000		

매각 18,123,790원 (8.8%) / 입찰 1명 / 주○○

매각결정기일 : 2020-06-08
대금지급기한 : 2020-07-17 - 기한후납부

전경도　　　전경도

| 임차인 현황

말소기준일(소액) : 2014-07-03 배당요구종기일 : 2018-05-10

목록	임차인	점유부분/기간	전입/확정/배당	보증금/차임	대항력	분석	기타
1	안○○	주거용	전입: 2014-03-03 확정: 미상 배당: 없음		미상	배당금없음 보증금 전액 매수인 인수 대항력 여지 있음 (전입일 빠름)	

| 기타사항 | ☞수회 방문하였으나 폐문으로 정확한 점유 및 임대관계 확인할 수 없으며, 주민등록상 전입된 안　　이 있으나 임차인인지 여부는 확인할 수 없음.
☞ 최선순위 설정일자보다 대항요건을 먼저 갖춘 주택 임차인의 임차보증금은 매수인에게 인수되나 주의바람.
☞ 2018. 3. 22자 임차권등기서 송달받은 임차인(안　　) 있음. (권리신고 및 배당요구 하지않음)
☞안　　은(는) 전입일상 대항력이 있으므로, 보증금있는 임차인일 경우 인수여지 있어 주의요함. |

| 건물등기 (채권합계액:1,344,550,301원)

순서	접수일	권리종류	권리자	채권금액	비고	소멸
갑(3)	2009-05-25	소유권이전(매매)	박○○		거래가액:146,500,000	
을(14)	2014-07-03	근저당	청○○	39,000,000	말소기준등기	소멸
을(15)	2016-02-17	근저당	현○○	49,400,000		소멸
갑(6)	2016-03-07	압류	동○○			소멸
갑(8)	2017-07-10	가압류	기○○	1,099,650,000	2017카단10566	소멸
갑(10)	2018-03-02	임의경매	청○○	청구금액 31,292,320	2018타경2748	소멸
갑(11)	2018-05-09	가압류	신○○	156,500,301	2018카단50670	소멸
갑(12)	2018-05-10	압류	청○○			소멸

| 기타참고사항

▶본건매각 / 매각가 80,001,000원 / OOO / 1명 입찰 / 대금미납
▶본건매각 / 매각가 71,900,000원 / OOO / 1명 입찰 / 대금미납
▶본건매각 / 매각가 18,678,900원 / OOO / 2명 입찰 / 대금미납

2014. 7. 3. 금융권의 대출실행 전에 임차인의 전입신고가 있었다. 대출은행은 대출을 실행하기 전에 당연히 임차인의 전입여부를 확인한다. 전입신고가 있었음에도 불구하고 금융권이 대출을 실행했다는 사실은 위 임차인이 진성이 아니라는 강한 추정을 일으킨다. 아마도 이렇게 접근하였기 때문에 3명의 대금미납자가 나온 것으로 보인다. 그런데 근저당권의 채권최고액을 살펴보면 금액이 상당히 적다. 신협, 저축은행과 같은 금융권은 임차인의 보증금을 고려한 후순위대출을 실행한다. 전입 당시 임차보증금의 시세와 근저당권자의 대출액의 합산액이 근저당권 설정당시의 부동산시세를 훌쩍 넘어서지 않는다면 임차인이 진성일 수 있다.

투자자는 확증편향을 조심해야 한다. 허위라는 방향으로 인식하면 모든 자료들이 허위를 뒷받침하는 것으로 확증하고 다른 가능성을 배제한다. 예를 들면 전입신고도 있고 확정일자도 갖추었는데 배당요구를 왜 안했을까로 시작해서 나머지 자료들을 객관적으로 보지 못할 수도 있다. 전입신고와 확정일자를 모두 갖추고 선순위로 배당이 가능함에도 배당요구를 하지 않는 경우가 상당히 많다. 그 이유는 임차보증금을 배당받아서 이사를 가기엔 전세가격이 너무 올랐기 때문에 최대한 점유를 오래하기 위해서이다. 확증편향에 빠지지 않기 위해서 자문을 구하거나 여러 사람과 함께 검토해보는 것을 추천한다.

다음 사례는 용인에 위치한 나홀로 아파트이다. 대금미납자가 있는 재경매건이다.

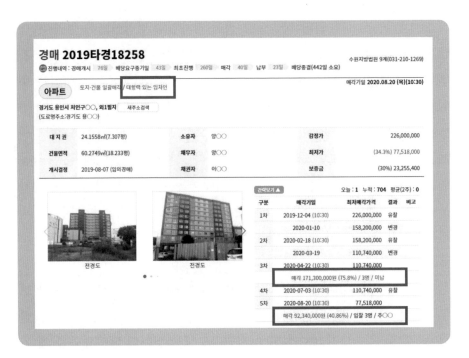

건축한지 얼마되지 않았는데 임차인이 대항력을 갖추고 있다. 근저당권자인 경매신청채권자가 배당배제신청서를 제출한 상태이다. 그 이유는 채권자가 근저당권을 설정할 당시 확인한 임차보증금과 다르다는 것이다.

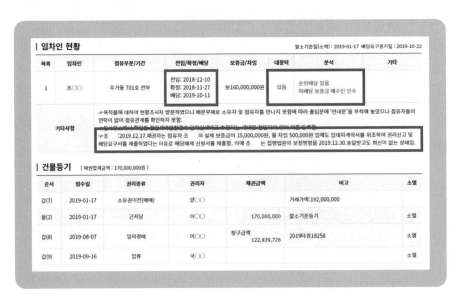

부동산경매 타짜 기본서

이런 물건을 입찰하는 경우 사실의 정확한 확인이 필수다. 채권자의 말만 믿을 것이 아니라 서류의 확인이 필요하다. 꼼꼼히 검토하는 과정에서 유용한 판례를 찾아내고 낙찰을 받은 후 명도와 매매까지 완료하였다.

그 판례내용은 아래와 같다.

관련 판례 근저당권자가 담보로 제공된 건물에 대한 담보가치를 조사할 당시 대항력을 갖춘 임차인이 임대차 사실을 부인하고 건물에 관하여 임차인으로서의 권리를 주장하지 않겠다는 내용의 무상임대차 확인서를 작성해 주었고, 그 후 개시된 경매절차에 무상임대차 확인서가 제출되어 매수인이 확인서의 내용을 신뢰하여 매수신청금액을 결정하는 경우와 같이, 임차인이 작성한 무상임대차 확인서에서 비롯된 매수인의 신뢰가 매각절차에 반영되었다고 볼 수 있는 사정이 존재하는 경우에는, 비록 매각물건명세서 등에 건물에 대항력 있는 임대차 관계가 존재한다는 취지로 기재되었더라도 임차인이 제3자인 매수인의 건물인도청구에 대하여 대항력 있는 임대차를 주장하여 임차보증금반환과의 동시이행의 항변을 하는 것은 금반언 또는 신의성실의 원칙에 반하여 허용될 수 없다 (대법원 2016. 12. 1. 선고 2016다228215 판결).

위 판례의 계기가 된 경매사례는 의정부지방법원 고양지원 2012타경 20945 물건번호 (4)이다.

주의할 사항은 임차인이 직접 작성한 무상임대차 확인서이어야 한다. 채무자나 소유자가 작성한 무상임대차 확인서는 위 판례가 적용되지 않는다. 위 용인의 아파트 입찰 전 채권자가 보유한 서류가 임차인이 직접 작성하였는지 여부를 확인하고 입찰을 하였다.

그러나 낙찰 이후 전개과정에서 변수가 발생했다. 위 판례가 있음에도 불구하고 재판부는 인도명령 과정에서 쉽사리 손을 들어주지 않았고, 임차인이 배당요구한 금 1억6천만 원을 경매신청채권자보다 우선하여 배당표를 작성하였다. 결국 근저당권자가 배당이의신청을 제기하였고 배당이의소송까지 진행하였다. 최종적으로 경매신청채권자의 권리가 인정되었지만 배당받기까지 상당한 시간이 허비되었고, 저가낙찰로 손실이 발생한 것이다. 필자는 다행히 배당기일 전에 임차인에게 소액의 이사비를 제시하고 명도를 마무리하였다. 모든 일이 계획대로 되는 것만은 아니다.

7. 대지권미등기

대지권 미등기 문제는 집합 건물등기에서 나타난다. 쉬운 예를 들면 80평의 대지에 8개 호의 다세대주택을 완공한 경우 각 다세대는 각 10평의 토지에 대하여 권리를 취득하고 이를 집합건물 등기에 대지권으로 표기된다. 토지등기와 건축물등기가 하나로 합쳐지면서 대지권이라는 용어가 등장하는 것이다.

대지가 감정평가금액에 포함이 되어있다면 대지의 사용권원이 있으므로 아무런 문제가 없다고 착각하는 입찰자들이 있는데 잘못된 판단이다.

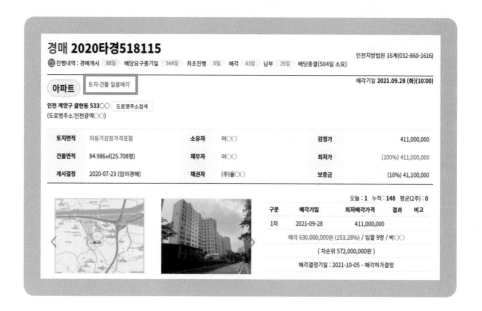

대지권 미등기의 아파트이다. 통상 법원은 대지권 미등기인 경매 물건이 접수되면 해당 기관에 사실조회서를 보내고, 해당 기관의 회신내용을 매각물건명세서에 기재한다. 아래의 매각물건명세서에 자세히 기재되어 있다.

매각에 따라 설정된 것으로 보는 지상권의 개요
비고란
-대지권 미등기이나, 매각목적물 및 감정평가에 포함됨. -분양회사인 (주)화인어드밴타스피에프브이의 사실조회회신(2021.8.13자)에 의하면 소유자는 전유부분과 대지지분을 일체로 하여 분양계약을 체결하고 분양대금을 모두 완납하였고 계양구청의 사실조회회신(2021.8.17자)에 의하면 소유자가 2013.12.30. 대지지분에 대한 취득세를 납부하였음.

즉 대지권이 미등기되어 있으나 토지에 대한 사용권이 있고 낙찰자가 별도로 인수하는 부분이 없다는 것이다. 대지권 미등기 관련 대법원 판례를 소개한다.

관련 판례 집합건물의 분양자가 지적정리 등의 지연으로 대지지분에 대한 소유권이전등기나 대지권변경등기는 지적정리 후 해 주기로 하고 우선 전유부분에 대하여만 소유권보존등기를 한 후 수분양자에게 소유권이전등기를 마쳐 주었는데, 그 후 대지지분에 대한 소유권이전등기나 대지권변경등기가 되지 아니한 상태에서 전유부분에 대한 경매절차가 진행되어 제3자가 전유부분을 경락받은 경우, 그 경락인은 본권으로서 집합건물의 소유 및 관리에 관한 법률 제2조 제6호 소정의 대지사용권을 취득한다고 할 것이고 (대법원 2004. 7. 8. 선고 2002다40210 판결 참조), 이는 수분양자가 분양자에게 그 분양대금을 완납한 경우는 물론 그 분양대금을 완납하지 못한 경우에도 마찬가지라고 할 것이다.

따라서 그러한 경우 그 경락인은 대지사용권 취득의 효과로서 분양자와 수분양자를 상대로 분양자로부터 수분양자를 거쳐 순차로 대지지분에 대한 소유권이전등기절차를 마쳐줄 것을 구하거나 분양자를 상대로 대지권변경등기절차를 마쳐줄 것을 구할 수 있다고 할 것이고, 분양자는 이에 대하여 수분양자의 분양대금 미지급을 이유로 한 동시이행항변을 할 수 있을 뿐이라고 할 것이다 (대법원 2006. 9. 22. 선고 2004다58611 판결).

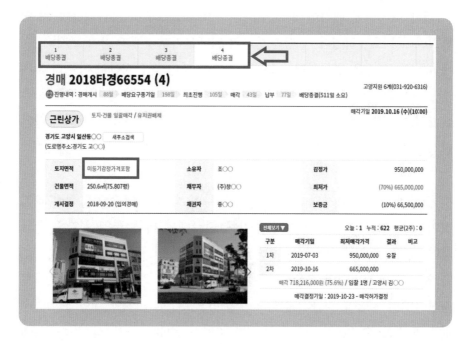

위 경매물건은 '식사구역도시개발사업지'로 아직 대지권이 정리되지 않았다. 대지권 등기는 도시개발사업이 완료된 후 일괄적으로 진행한다. 소유자는 체비지(개발사업의 비용을 충당하기 위한 토지)를 매입하였고, 건축을 완료 후 일부는 분양하였다. 하지만 위 근린상가는 소유자가 보유하다가 경매가 진행된 것이다.

쟁점은 다음의 두 가지이다.

   1. 경락잔금을 모두 납부하면 토지의 사용권원(대지권의 소유권)을 취득하는 가?

   2. 대지권의 소유권을 취득한다면 집합건물등기에 대지권을 어떻게 기입할 것인가?

일단 대지권에 대하여 소유권을 취득하는가? 이 부분에 대하여 위 대법원판례를 소개하였다. 전유부분과의 일체불가분성에 의하여 토지(대지권)에 대한 소유권은 취득한다. 하지만 토지에 대한 대금정산이 마무리 되지 않았다면 그 부분은 인수된다. 도시개발조합에 확인한 결과 위 경매물건은 소유자가 체비지를 매입한 것으로 매매계약서상 환지확정처분에 따른 면적증감이 발생할 경우 사후정산을 하기로 되어있었다.

정산금액을 소유자가 수령한다면 그나마 쉽사리 대지권의 정리가 될 것이지만, 이 사례는 소유자가 추가로 지급해야 하는 금액이 아주 조금 남아 있었다. 이 부분이 상당히 중요하다.

왜냐하면 체비지의 경우 토지에 대한 소유권이 조합에 남아 있으므로 정산금액이 조합에 지급되지 않으면 조합으로부터 토지에 대한 권리증서를 양도받을 수 없다. 대지권 등기는 조합 - 소유자 - 낙찰자로 순차적으로 이루어져야 하는데, 소유자가 정산금을 납부하지 않으면 억울하지만 대지권에 대한 권리를 취득하지만 등기를 완료할 수 없다. 소송으로 다툰다 하더라도 정산금액에 대한 지급이 있어야 한다.

해결방법으로 낙찰자들이 정산금을 안분하여 대신 지급하고, 조합으로부터 토지에 대한 처분증서를 수령함과 동시에 대지권 등기를 진행하였다.

정산금이 지급된 시기에 위 경매건 외 나머지 근린상가도 조합을 통하여 대지권이 완료되었음을 확인할 수 있다.

[집합건물] 경기도 고양시 일산동구 식사동 1546 제1층 제101호

(대지권의 표시)			
표시번호	대지권종류	대지권비율	등기원인 및 기타사항
1	1 소유권대지권	542.4분의 37.7538	2021년1월19일 대지권 2021년1월19일 등기

【 갑　　구 】 (소유권에 관한 사항)

순위번호	등 기 목 적	접 수	등 기 원 인	권리자 및 기타사항
1	소유권보존	2015년10월20일 제198855호		소유자 조　　　　ー-****** 경기도 고양시 일산동구
2	소유권이전	2015년10월28일 제206862호	2015년6월2일 매매	소유자 김　　　　ー-****** 경기도 고양시 일산동구
2-1	2번등기명의인표시 변경	2018년8월7일 제88290호	2018년6월14일 전거	김　　의 주소 서울특별시 송파구 백제고분로41길
3	~~압류~~	~~2017년10월23일~~ ~~제127436호~~	~~2017년10월23일~~ ~~압류(일산동구~~ ~~세무과 29551)~~	~~권리자　고양시일산동구~~

대지권 미등기인 경매물건이 등장하면 분양사에 토지에 대한 대금이 납부되었는지를 확인해본다. 경매물건의 관리사무실, 주변의 공인중개사, 재개발조합을 통하여 확인한다. 그리고 대지권 미등기인 상태로 정상적인 거래가액으로 매매가 진행되었는지 여부, 대출이 실행되었는지 여부를 확인하고 입찰여부를 결정하면 된다. 항상 매각물건명세서를 꼼꼼히 살펴보아야한다.

다음은 서울중앙지방법원 2020타경108777 유치권에 기한 경매사건의 매각물건명세서 내용이다.

다음은 서울중앙지방법원 2020타경107378 강제경매사건의 매각물건
명세서 내용이다.

8. 전세권 경매

　많은 사람들이 임대차와 전세권의 의미와 법률효과를 헷갈려 한다. 부동산 거래관행에서 전세계약, 전세금이라 말하지만 실질은 임대차계약, 임차보증금인 경우가 상당히 많다. 법률상 전세권이란 부동산등기부등본의 을구에 전세권이라 등재되어 있어야 한다. 전세권은 물권이다. 따라서 전세금이라는 명목으로 지급하였다 하더라도 등기하지 않았다면 임대차계약을 체결한 채권에 불과하다. 전세권을 설정하려면 등기비용이 발생하므로 일반적으로 전세권을 설정하는 대신 전입신고나 사업자등록을 한다. 왜냐하면 주택임대차보호법과 상가임대차보호법이 전입신고와 사업자등록에 대항력이라는 법률효과를 부여하고 있기 때문이다.

　그렇다면 전세권을 설정할 필요가 없을까? 전세권을 설정한 경우와 그렇지 않은 경우 어떤 차이가 있는지 살펴보겠다. 전세권의 우선변제권은 전세권이 설정된 부동산에 한정된다. 예를 들어 다가구주택에 거주하면서 건물에 전세권을 설정한 경우 전세권자로 우선변제를 받는 범위는 대지를 제외한 건물에 대한 배당으로 국한된다. 하지만 주택임대차보호법상 우선변제권은 대지를 포함한 주택의 환가대금에서 배당을 받는다. 대지와 건물에 관하여 경매신청되었다가 대지 부분만 매각되었거나, 대지만 경매신청된 경우에도 배당을 받고, 대지와 건물에 대하여 따로 경매절차가 진행 중이라면 양쪽에서 배당받을 수 있다.

임대차와 전세권이 종료되었을 때 보증금을 반환받기 위한 절차에서도 차이가 난다. 전세권자는 별도의 소송절차를 거치지 않고 전세권에 기하여 임의경매를 신청할 수 있다. 하지만 임차인은 임차보증금반환청구소송을 진행하여 승소한 판결문이 있어야만 강제경매를 신청할 수 있다. 따라서 시간이 더 소요된다. 간혹 전세권자가 임의경매를 신청하지 않고 전세금반환청구소송을 진행하여 승소한 판결문에 기하여 강제경매를 신청하는 경우도 있다. 그 이유는 전세권에 기한 임의경매를 신청한 경우 전세보증금을 전액 배당받지 못하더라도 전세권은 말소되기 때문이다.

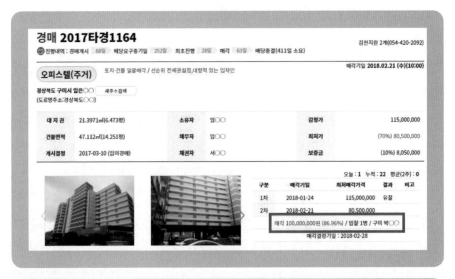

전세권자가 전세권에 기하여 임의경매를 신청한 사안이다. 경매 사설 사이트에서는 인수로 표시되어 있지만 매각물건명세서를 살펴보면 그렇지 않다.

매각물건명세서상 최선순위설정(말소기준)의 권리는 전세권이므로 전세권은 말소된다. 다만 임차인으로서 가지는 권리는 별개의 권리이므로 임차보증금의 전액이 배당되지 않는다면 대항력으로 인해서 배당받지 못한 잔액이 인수된다는 내용이 매각물건명세서 비고란에 기재되어 있다.

반면 전세권자가 판결문에 기한 강제경매를 신청하고, 전세권에 대하여 배당요구를 하지 않는 경우 전세권은 선순위의 권리로 인수대상이 될 수 있다. 따라서 전세권자가 강제경매를 신청한 경우는 유의하여야 한다. 아래의 사례가 그러하다.

경매 2020타경35136 (1)

진주지원 3계(055-760-3253)

진행내역: 경매개시 80일 배당요구종기일 189일 최초진행 248일 매각 46일 지급기한

오피스텔(주거) 토지·건물 일괄매각 / 선순위 전세권설정

매각기일 2022.02.17 (목)(10:00)

경남 진주시 칠암동 448○○ [도로명주소검색]
(도로명주소:경상남도○○)

대지권	4.9697㎡(1.503평)	소유자	가○○	감정가	51,000,000
건물면적	20.88㎡(6.316평)	채무자	가○○	최저가	(26.2%) 13,370,000
개시결정	2020-09-18 (강제경매)	채권자	박○○	보증금	(10%) 1,337,000

건백보기 ▲   오늘:1 누적:132 평균(2주):0

구분	매각기일	최저매각가격	결과	비고
1차	2021-06-14	51,000,000	유찰	
2차	2021-07-19	40,800,000	유찰	
	2021-08-30	32,640,000	변경	
3차	2021-09-02	32,640,000	유찰	
4차	2021-10-21	26,112,000	유찰	
5차	2021-11-25	20,890,000	유찰	
6차	2022-01-06	16,712,000	유찰	
7차	2022-02-17	13,370,000		
매각 13,999,999원 (27.45%) / 입찰 1명 / 이○○

관련사진   관련사진

┃ 임차인 현황

말소기준일 : 2020-09-18 소액기준일 : 2022-02-17 배당요구종기일 : 2020-12-07

목록	임차인	점유부분/기간	전입/확정/배당	보증금/차임	대항력	분석	기타
1	박○○	주거용 전부 2015.02.03.~2017.02.22.	전입: 미상 확정: 2015-02-23 배당: 2020-09-18	보50,000,000원		전세권자로 순위배당 있음	선순위전세권등기자, 경매신청인 확:2015.02.23(전세권 설정일)
기타사항		* 본건 전입세대 열람결과 내역없음. 본건 임대차 현황 열람결과 내역없음.					

┃ 건물등기   (채권합계금액 : 50,000,000원)

순서	접수일	권리종류	권리자	채권금액	비고	소멸
갑(2)	2005-07-25	소유권이전	가○○		매매	
을(9)	2015-02-23	전세권설정	박○○	50,000,000	존속기간: 2015.02.23~2017.02.22 범위:전부	인수
갑(3)	2020-09-18	강제경매	박○○	청구금액 50,000,000	말소기준등기 2020타경35136	소멸

매각물건명세서

사건	2020타경35136 부동산강제경매	매각 물건번호	1	작성 일자	2022.01.11	담임법관 (사법보좌관)	이	
부동산 및 감정평가액 최저매각가격의 표시	별지기재와 같음	최선순위 설정		2020.09.18.경매개시결 정.		배당요구종기	2020.12.07	

부동산의 점유자와 점유의 권원, 점유할 수 있는 기간, 차임 또는 보증금에 관한 관계인의 진술 및 임차인이 있는 경우 배당요구 여부와 그 일자, 전입신고일자 또는 사업자등록신청일자와 확정일자의 유무와 그 일자

점유자 성 명	점유 부분	정보출처 구 분	점유의 권 원	임대차기간 (점유기간)	보 증 금	차 임	전입신고 일자, 사업자등록 신청일자	확정일자	배당 요구여부 (배당요구일자)
박	건물 전부	등기사항 전부증명 서	주거 전세권자	2015.02.03.-2 017.02.22.	50,000,000			2015.02.23. (전세권설정 일)	

〈비고〉

※ 최선순위 설정일자보다 대항요건을 먼저 갖춘 주택·상가건물 임차인의 임차보증금은 매수인에게 인수되는 경우가 발생 할 수 있고, 대항력과 우선변제권이 있는 주택·상가건물 임차인이 배당요구를 하였으나 보증금 전액에 관하여 배당을 받지 아니한 경우에는 배당받지 못한 잔액이 매수인에게 인수되게 됨을 주의하시기 바랍니다.

등기된 부동산에 관한 권리 또는 가처분으로 매각으로 그 효력이 소멸되지 아니하는 것	
- 을구 순위 9번 전세권설정등기(2015. 2. 23.)는 말소되지 않고 매수인에게 인수됨.	
매각에 따라 설정된 것으로 보는 지상권의 개요	
비고란	
- 을구 순위 9번 전세권설정등기(2015. 2. 23.)는 말소되지 않고 매수인에게 인수됨.	

매각물건명세서상 최선순위설정(말소기준)의 권리는 전세권이 아닌 강제경매개시결정이다. 그리고 전세권은 말소되지 않고 매수인에게 인수된다고 기재되어 있다. 그리고 임차인으로서 가지는 권리는 별개의 권리이므로 임차보증금의 전액이 배당되지 않는다면 대항력으로 인해서 배당받지 못한 잔액이 인수된다는 내용까지 매각물건명세서 비고란에 기재되어 있다.

전세권자가 임의경매를 신청한 경우는 물권에 근거한 경매신청이고, 전세권자가 강제경매를 신청한 경우는 채권에 근거한 경매신청이므로 위와 같이 다른 결과가 도출되는 것이다.

전세권자와 임차인이 경매를 신청하지 않았다 하더라도 전세권자와 임차인은 경매절차에서 적법한 배당요구를 함으로써 전세보증금과 임차보

증금을 배당받는다는 사실은 동일하다. 그런데 부동산경매에서 전세권과 임차권이 혼재되어 입찰자가 손해를 보는 경우가 상당히 많다. 아래 대법원의 판례를 반드시 숙지하고 명심하여야 한다.

관련 판례 민사집행법 제91조 제3항은 "전세권은 저당권·압류채권·가압류채권에 대항할 수 없는 경우에는 매각으로 소멸된다"라고 규정하고, 같은 조 제4항은 "제3항의 경우 외의 전세권은 매수인이 인수한다. 다만, 전세권자가 배당요구를 하면 매각으로 소멸된다"라고 규정하고 있고, 이는 저당권 등에 대항할 수 없는 전세권과 달리 최선순위의 전세권은 오로지 전세권자의 배당요구에 의하여만 소멸되고, 전세권자가 배당요구를 하지 않는 한 매수인에게 인수되며, 반대로 배당요구를 하면 존속기간에 상관없이 소멸한다는 취지라고 할 것인 점, 주택임차인이 그 지위를 강화하고자 별도로 전세권설정등기를 마치더라도 주택임대차보호법상 임차인으로서 우선변제를 받을 수 있는 권리와 전세권자로서 우선변제를 받을 수 있는 권리는 근거규정 및 성립요건을 달리하는 별개의 권리라고 할 것인 점 (대법원 1993. 12. 24. 선고 93다39676 판결 참조) 등에 비추어 보면, 주택임대차보호법상 임차인으로서의 지위와 전세권자로서의 지위를 함께 가지고 있는 자가 그 중 임차인으로서의 지위에 기하여 경매법원에 배당요구를 하였다면 배당요구를 하지 아니한 전세권에 관하여는 배당요구가 있는 것으로 볼 수 없다고 할 것이다.

임차인이 이 사건 전세권설정등기를 마칠 당시 이 사건 부동산(오피스텔)에 선순위 저당권·압류·가압류 등기가 마쳐져 있지 아니하였으므로 이 사건 전세권은 최선순위 전세권이고, 소외인은 임차인으로서 배당요구를 하였을 뿐 전세권자로서 배당요구를 한 것으로 볼 수 없으므로, 이 사건 전세권은 경매절차에서의 매각으로 소멸되지 않고 매수인에게 인수된다고 판단하였다.

위 대법원 판례의 사안은 아래와 같다. 서울에 위치한 오피스텔이다.

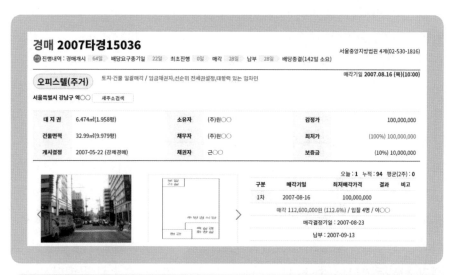

경매 2007타경15036

서울중앙지방법원 4계(02-530-1816)

🌐 진행내역 : 경매개시 64일 배당요구종기일 22일 최초진행 0일 매각 28일 납부 28일 배당종결(142일 소요)

오피스텔(주거)

토지·건물 일괄매각 / 임금채권자,선순위 전세권설정,대항력 있는 임차인

매각기일 2007.08.16 (목)(10:00)

서울특별시 강남구 역○○   새주소검색

대지권	6.474㎡(1.958평)	소유자	(주)원○○	감정가	100,000,000
건물면적	32.99㎡(9.979평)	채무자	(주)원○○	최저가	(100%) 100,000,000
개시결정	2007-05-22 (강제경매)	채권자	근○○	보증금	(10%) 10,000,000

오늘 : 1 누적 : 94 평균(2주) : 0

구분	매각기일	최저매각가격	결과	비고
1차	2007-08-16	100,000,000		

매각 112,600,000원 (112.6%) / 입찰 4명 / 이○○

매각결정기일 : 2007-08-23

납부 : 2007-09-13

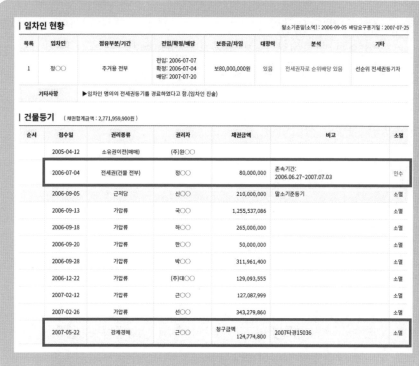

│ 임차인 현황

말소기준일(소액) : 2006-09-05 배당요구종기일 : 2007-07-25

목록	임차인	점유부분/기간	전입/확정/배당	보증금/차임	대항력	분석	기타
1	정○○	주거용 전부	전입: 2006-07-07 확정: 2006-07-04 배당: 2007-07-20	보80,000,000원	있음	전세권자로 순위배당 있음	선순위 전세권등기자
	기타사항	▶임차인 명의의 전세권등기를 경료하였다고 함.(임차인 진술)					

│ 건물등기   (채권합계금액 : 2,771,959,900원)

순서	접수일	권리종류	권리자	채권금액	비고	소멸
	2005-04-12	소유권이전(매매)	(주)원○○			
	2006-07-04	전세권(건물 전부)	정○○	80,000,000	존속기간: 2006.06.27~2007.07.03	인수
	2006-09-05	근저당	신○○	210,000,000	말소기준등기	소멸
	2006-09-13	가압류	국○○	1,255,537,086		소멸
	2006-09-18	가압류	하○○	265,000,000		소멸
	2006-09-20	가압류	한○○	50,000,000		소멸
	2006-09-28	가압류	박○○	311,961,400		소멸
	2006-12-22	가압류	(주)대○○	129,093,555		소멸
	2007-02-12	가압류	근○○	127,087,999		소멸
	2007-02-26	가압류	선○○	343,279,860		소멸
	2007-05-22	강제경매	근○○	청구금액 124,774,800	2007타경15036	소멸

임차인은 전입신고와 확정일자를 갖추었을 뿐만 아니라 전세권도 설정하였다. 임차인은 강제경매절차가 진행되자 적법하게 배당요구를 하였다. 입찰자는 11,260만 원으로 낙찰받고 매각대금을 납부하였다. 이에 법원은 전세권을 말소촉탁하였다. 낙찰자는 매각대금 11,260만 원으로 임차인에게 보증금 전액이 배당될 것으로 예상하였을 것이다. 하지만 부동산등기부등본을 살펴보면 경매신청권자가 근로복지공단이다. 그렇다면 임금채권, 퇴직금채권이 최우선 변제권으로 임차인보다 우선 배당받을 여지가 있는 것이다. 법원은 배당기일에 실제 배당할 금액 110,012,227원 전부를 경매신청채권자인 근로복지공단에게 배당하였다. 결국 임차인은 한 푼도 배당을 받지 못한 것이다. 임차인은 낙찰자를 상대로 하여 경매로 인하여 전세권이 소멸되지 않았음에도 그 등기가 말소되었다는 이유로 전세권 회복등기의 소송을 제기하였고, 법원은 임차인으로서의 배당요구는 전세권자로서의 배당요구로 볼 수 없어 전세권은 경매로 인하여 소멸하지 않는다는 이유로 임차인의 승소 판결을 선고하였다. 따라서 낙찰자는 임차인에게 전세보증금 명목으로 8,000만 원을 지급하였다. 이로 인해 낙찰자에게 발생한 손해는 국가에 책임이 있으므로 국가에 대하여 손해배상청구소송을 진행한 사안이다.

관련 판례 전세권은 최선순위 전세권으로서 경매절차에서의 매각으로 소멸되지 않고 매수인에게 인수되는 것이므로 집행법원의 경매담당 공무원으로서는 그 매각물건명세서를 작성함에 있어서 '등기된 부동산에 관한 권리 또는 가처분으로 매각허가에 의하여 그 효력이 소멸하지 아니하는 것'란에 이 사건 전세권이 인수된다는 취지의 기재를 하였어야 할 것임에도 이를 기재하지 아니한 채 경매를 진행하는 잘못을 저질렀고, 원고는 위와 같은 매각물건명세서의 잘못된 기재로 인하여 이 사건 전세권이 매수인에게 인수되지 않은 것으로 오인한 상태에서 매수신고가격을 결정하고 이 사건 부동산을 매수하였다가 이 사건 전세권을 인수하여 그 전세금을 반환하여야 하는 손해를 입었다고 할 것이므로, 피고는 위와 같은 경매담당 공무원 등의 직무집행상의 과실로 인하여 원고가 입은 손해를 배상할 책임이 있다. (대법원 2010. 6. 24. 선고 2009다40790 판결)

위 판례에서 국가가 부담하는 손해배상의 과실비율은 20%에 불과하다. 따라서 낙찰자는 국가를 상대로 1,600만 원(8,000만 원 × 0.2)의 배상만 받게 되었다.

중요한 사항은 임차인의 지위와 전세권자의 지위를 겸하고 있는 자의 배당요구는 주의하여야 한다는 것이다. 임차인으로서 배당요구하였는지, 전세권자로서 배당요구하였는지 구분하여야 하고, 낙찰 후 인수되는 부분이 있는지 꼼꼼히 검토하여야 한다.

다음은 전세권을 대상으로 경매가 진행되는 사례를 살펴보겠다.

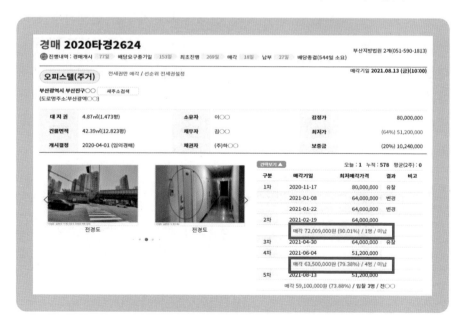

대금의 미납이 두 차례나 있었다. 그 이유를 살펴보겠다.

| 임차인 현황

말소기준일(소액) : 2019-01-17   배당요구종기일 : 2020-06-17

목록	임차인	점유부분/기간	전입/확정/배당	보증금/차임	대항력	분석	기타
1	김○○	주거용	전입: 미상 확정: 미상 배당: 없음	보80,000,000원	없음	보증금 전액 매수인 인수	선순위전세권등기자

기타사항	☞① 폐문부재하여 안내문을 출입문에 넣어 두었으나 연락이 없어 점유 및 임대차관계 알 수 없었음.② 전입세대 열람 내역에 김 (채무자 겸 전 세권자) 세대가 전입되어 있음 ☞김 : 전세권설정등기일은 2019. 1. 17.이며 위 전세권 자체가 경매대상 물건임

| 건물등기   (채권합계금액 : 160,000,000원)

순서	접수일	권리종류	권리자	채권금액	비고	소멸
갑(3)	2012-04-26	소유권이전(증여)	이○○			
을(7)	2019-01-17	전세권(전부)	김○○	80,000,000	존속기간: 2018.04.02~2021.04.01	
을(7)	2019-01-17	김문선전세권근저당	(주)하○○	80,000,000	말소기준등기	소멸
갑(4)	2020-03-23	압류	부○○			소멸
을(7)	2020-04-01	김문선전세권임의경매	(주)하○○	청구금액 47,685,246	2020타경2624	소멸

부동산등기부등본을 살펴보면 전세권에 대한 근저당이 설정되어 있으며, 전세권을 대상으로 임의경매를 신청한 사안이다. 즉 전세권자가 전세권을 담보(저당권)로 대출을 받았으며, 전세권자가 채무를 변제하지 못하자, 근저당권자가 부동산이 아닌 전세권에 대하여 경매를 신청한 것이다. 대금을 미납한 이유는 아마도 이 부분을 놓친 것으로 사료된다. 아래의 매각물건명세서 비고란에 '이 사건 부동산을 매각하는 것이 아니라 전세권을 매각하는 것이며, 위 전세권이 매각될 경우 전세권자가 변경됨' 이라고 기재되어 있다.

비고란
이 사건은 부동산을 매각하는 것이 아니라 전세권(2019. 1. 17. 접수 제3010호)을 매각하는 것이며, 위 전세권이 매각될 경우
전세권자가 변경됨. 최저매각가격은 전세권가치를 평가한 금액임. 특별매각조건 - 매수신청보증금 최저매각가격의 20%

낙찰후 대금을 지급하면 전세권자가 되는 것이다. 전세권의 존속기간 동안 점유할 권원이 있으며 전세기간이 종료되면 소유자에게 전세금의 반환을 청구할 권리가 발생한다. 만일 소유자가 전세금을 지급하지 않는다면 전세권자로 부동산에 대하여 임의경매를 신청하면 된다. 경매신청금액은 전세보증금 8천만 원이 된다. 즉 수익률은 낙찰받은 전세권의 금액과 배당받을 8천만 원을 기준으로 계산하면 된다. 다만 특별한 사정으로 부동산의 낙찰가액이 현저히 낮아져서 전세권의 낙찰가액보다 떨어진다면 손실이 발생하는 것이다. 위 사례의 경우 부동산 자체에 특별한 하자가 없어 보이므로 전세권자가 1순위로서 전세금을 배당받을 것으로 생각된다. 그리고 전세권을 낙찰받은 자는 전전세권자에 대하여 부동산인도명령 신청을 할 수 있다.

9. 형식적 경매

담보권실행에 의한 임의경매와 집행권원에 의한 강제경매 외에 특정재산의 가격보존 또는 정리를 위하여 하는 형식적 경매가 있다. 형식적 경매의 종류로 청산을 위한 경매, 공유물분할을 위한 경매, 유치권에 의한 경매 등이 있다. 민사집행법 274조는 '유치권에 의한 경매와 민법.상법, 그밖의 법률이 규정하는 바에 따른 경매는 담보권 실행을 위한 경매의 예에 따라 실시한다'고 규정하고 있다.

이 중 유치권에 의한 경매에 대하여 알아보자. 적법한 유치권자가 강제경매 또는 임의경매의 배당절차에서 자신의 채권을 회수하지 못하였다면, 낙찰자에게 자신의 유치권을 주장할 수 있고, 낙찰자는 유치권자의 공사대금채권을 인수하여야 한다. 그런데 민법 제322조 제1항은 '유치권자는 채권의 변제를 받기 위하여 유치물을 경매할 수 있다.'고 규정하고 있다. 유치권자가 유치권에 기하여 경매를 신청한 경우에 유치권자가 배당절차에서 채권을 회수하지 못한 경우에도 유치권을 계속 주장할 수 있는지에 대하여 논란이 있었다. 아래의 대법원 판례는 이에 대하여 명쾌하게 정리하였다.

관련 판례 민사집행법 제91조 제2항, 제3항, 제268조에서 경매의 대부분을 차지하는 강제경매와 담보권 실행을 위한 경매에서 소멸주의를 원칙으로 하고 있을 뿐만 아니라 이를 전제로 하여 배당요구의 종기결정이나 채권신고의 최고, 배당요구, 배당절차 등에 관하여 상세히 규정하고 있는 점, 민법 제322조 제1항에 "유치권자는 채권의 변제를 받기 위하여 유치물을 경매할 수 있다."라고 규정하고 있는바, 유치권에 의한 경매에도 채권자와 채무자의 존재를 전제로 하고 채권의 실현·만족을 위한 경매를 상정하고 있는 점, 반면에 인수주의를 취할 경우 필요하다고 보이는 목적부동산 위의 부담의 존부 및 내용을 조사·확정하는 절차에 대하여 아무런 규정이 없고 인수되는 부담의 범위를 제한하는 규정도 두지 않아, 유치권에 의한 경매를 인수주의를 원칙으로 진행하면 매수인의 법적 지위가 매우 불안정한 상태에 놓이게 되는 점, 인수되는 부담의 범위를 어떻게 설정하느냐에 따라 인수주의를 취하는 것이 오히려 유치권자에게 불리해질 수 있는 점 등을 함께 고려하면, 유치권에 의한 경매도 강제경매나 담보권 실행을 위한 경매와 마찬가지로 목적부동산 위의 부담을 소멸시키는 것을 법정매각조건으로 하여 실시되고 우선채권자뿐만 아니라 일반채권자의 배당요구도 허용되며, 유치권자는 일반채권자와 동일한 순위로 배당을 받을 수 있다고 봄이 상당하다. 다만 집행법원은 부동산 위의 이해관계를 살펴 위와 같은 법정매각조건과는 달리 매각조건 변경결정을 통하여 목적부동산 위의 부담을 소멸시키지 않고 매수인으로 하여금 인수하도록 정할 수 있다 .

그리고 유치권에 의한 경매가 소멸주의를 원칙으로 하여 진행되는 이상 강제경매나 담보권 실행을 위한 경매의 경우와 같이 그 목적부동산 위의 부담을 소멸시키는 것이므로 집행법원이 달리 매각조건 변경결정을 통하여 목적부동산 위의 부담을 소멸시키지 않고 매수인으로 하여금 인수하도록 정하지 않은 이상 집행법원으로서는 매각기일의 공고나 매각물건명세서에 목적부동산 위의 부담이 소멸하지 않고 매수인이 이를 인수하게 된다는 취지를 기재할 필요가 없다. (대법원 2011. 6. 15.자 2010마1059 결정 [유치권신청에의한임의경매결정에대한즉시항고])

10. 경매외 부동산의 취득

　경매를 할 수 있다면 공매도 할 수 있다. 공매는 세금을 체납한 자의 재산을 한국자산관리공사를 통하여 매각하는 방식이다. 경매와 공매의 차이점은 우선 입찰방식에서 다르다. 경매는 매번 법원에 방문하여야 하지만 공매는 인터넷을 통해 입찰하므로 시간적.공간적 제약이 없다. 입찰보증금의 제출은 계좌이체로 납부한다. 온비드 사이트를 통하여 입찰을 하게 된다. 두 번째, 공매는 인도명령신청 제도가 없기 때문에 명도소송을 거쳐야 한다. 따라서 경매에 비하여 명도부담이 심하다. 세 번째, 공매는 유찰시 감정가 대비 10%씩 저감하며, 다음 매각기일을 1주일 간격으로 진행한다. 보통 월요일에서 수요일까지 입찰하고, 목요일에 개찰을 한다. 그 다음 주 월요일에 매각허가결정이 이루어지며 이때까지 차순위매수신고와 공유자우선매수신청이 가능하다. 유찰이 계속되어 감정가의 50%가 되면 매각예정가격을 새로 정하여 다시 매각절차를 진행한다. 경매의 매각물건명세서처럼 공매에는 공매재산명세서가 있다. 권리분석의 중요한 자료이므로 면밀한 검토가 필요하다.

　공매는 경매처럼 부동산을 취득하는 하나의 방법이고 유사하다. 따라서 공매물건에도 특수물건이 존재한다. 필자가 느끼기에 공매는 전자입찰이라는 편리함이 있지만, 입찰을 준비하는 과정에서 다리품이 더 많이 필요하다. 게다가 공매는 인도명령신청이 없다는 점에서 매력이 덜하다. 하지만 공매가 가지는 단점으로 인해서 경쟁자가 적을 수 있다. 이런 측면으로 바라보면 장점이 될 수 있는 것이며, 공매물건 중 명도과정이 필요없는 물건도 있다. 공매에도 보물이 숨어있으므로 잘 찾아보자.

사설 경매사이트에서도 공매자료를 제공하고 있으니 이용하면 편리하다. 신탁사에서 주관하는 공매의 자료도 제공하고 있다.

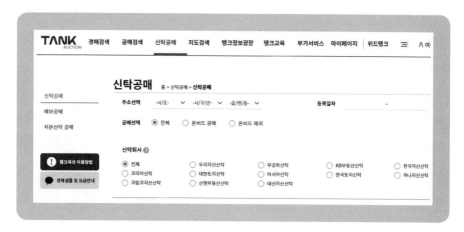

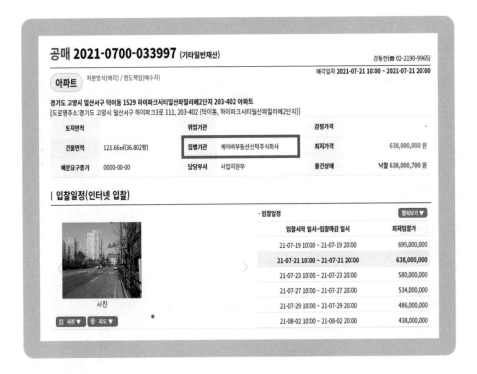

공매 2021-0700-033997 (기타일반재산)			강동헌 (☎ 02-2190-9965)

공매 2021-0700-033997 (기타일반재산)

강동헌(☎ 02-2190-9965)

아파트	처분방식(매각) / 명도책임(매수자)		매각일자 2021-07-21 10:00 ~ 2021-07-21 20:00

경기도 고양시 일산서구 덕이동 1529 하이파크시티일산파밀리에2단지 203-402 아파트
[도로명주소:경기도 고양시 일산서구 하이파크3로 111, 203-402 (덕이동, 하이파크시티일산파밀리에2단지)]

토지면적		위임기관		감정가격	
건물면적	121.66㎡(36.802평)	집행기관	케이비부동산신탁주식회사	최저가격	638,000,000 원
배분요구종기	0000-00-00	담당부서	사업지원부	물건상태	낙찰 638,000,700 원

입찰일정(인터넷 입찰)

사진

· 입찰일정	펼쳐보기 ▼
입찰시작 일시~입찰마감 일시	최저입찰가
21-07-19 10:00 ~ 21-07-19 20:00	695,000,000
21-07-21 10:00 ~ 21-07-21 20:00	638,000,000
21-07-23 10:00 ~ 21-07-23 20:00	580,000,000
21-07-27 10:00 ~ 21-07-27 20:00	534,000,000
21-07-29 10:00 ~ 21-07-29 20:00	486,000,000
21-08-02 10:00 ~ 21-08-02 20:00	438,000,000

위 아파트의 64개 호가 신탁 공매로 진행되었다. 위 아파트는 미분양 상태로 신탁사가 상당기간 보유하다가 부동산경기가 상승되는 시점에 공매를 진행하였다. 이런 신탁 공매에서 기회를 노릴 수 있다.

부동산신탁이란 일반인 소유 부동산을 일정액의 수수료를 받고 대신 개발, 관리, 처분해주는 제도이다. 개발 이익은 물론 부동산 소유주에게 돌아가는 일종의 종합 부동산 서비스 기능을 의미한다. 신탁업무 중에는 개발을 의뢰한 땅 소유주의 토지에 오피스빌딩, 연립주택 등 건축물을 짓거나 택지조성 등의 사업을 시행한 후 이를 분양, 임대해 이익을 남겨주는 '토지개발신탁'이 대표적 신탁업무에 속한다. 이외에 유형은 비슷하나 소유자를 대신해 임대차관리, 시설유지 등 일체의 관리를 책임지는 '관리신탁', 공공청사부지 연수원부지 등 대형 부동산을 대신 처분해주는 '처분신탁', 부동산의 관리와 처분을 신탁사에 맡기고 수익권 증서를 금융기관에 제출해 자금을 대출받는 '담보신탁' 등이 있다.

담보대출을 받는 것보다 담보신탁에서 대출이 더 많이 나오는 장점 때문에 신탁을 많이 활용하였다. 하지만 신탁제도는 소유권이 신탁사에게 이전되기 때문에 부동산을 사용.수익하는데 제한을 받는다. 예를 들면 임대차계약을 체결할 때에도 신탁사의 동의가 필요하다. 만일 신탁사의 동의가 없이 임대차계약을 체결한 경우 그 임차인은 법적보호를 받기가 어렵다. 왜냐하면 소유권은 엄연히 신탁사에게 있기 때문이다.

신탁의 종류가 많은데 부동산등기부등본을 열람하여도 신탁의 종류는 기재되어 있지 않다.

[집합건물] 경기도 용인시 처인구 이동읍 천리 279외 1필지 제7층 제701호

순위번호	등 기 목 적	접 수	등 기 원 인	권리자 및 기타사항
	신탁			신탁원부 제2017-0912호
3	소유권이전	2018년4월18일 제63506호	2018년4월18일 신탁재산의귀속	소유자 천 -******* 제주특별자치도 서귀포시 성산읍 온평포구로
	2번 신탁등기말소		신탁재산의 귀속	
4	소유권이전	2018년4월18일 제63511호	2018년4월18일 신탁	수탁자 수협은행 244235-0009895 서울특별시 송파구 오금로 62(신천동)
	신탁			신탁원부 제2018-1944호

신탁의 종류를 확인하려면 신탁원부를 확인하여야 한다. 등기소에 방문하면 열람이 가능하다.

신탁원부를 통해서 담보신탁임을 확인할 수 있다. 담보신탁이므로 우선수익자와 수익자에 관한 내용이 있다.

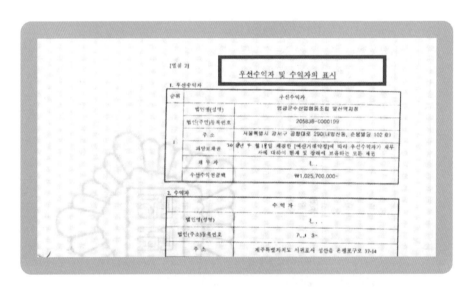

부동산을 싸게 취득할 수 있는 방법으로 대한민국법원 대국민서비스 사이트에서 회생파산절차로 매각하는 물건에 도전하는 것도 하나의 방법이다.

제3장

부동산 경매의 입체적 이해

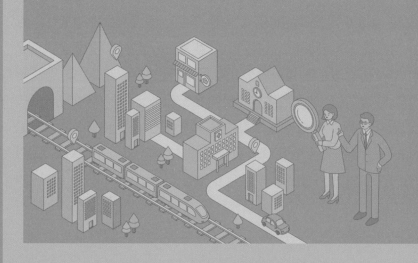

1. 경매판의 키플레이어

경매 판의 키 플레이어는 채권자이다. 채권자를 악덥업자로 간주하는 사회적 편견도 있지만 사실 채권을 회수하지 못한 피해자이다.

돈을 빌려주는 방법에 대하여 잠시 다루어보자. '앉아서 빌려주고 서서 받는다' 라는 말을 들어보았을 것이다. 채무자가 채무를 변제하지 못할 때 벌어지는 과정을 모르면 서서 받아야 한다. 채권회수의 확률을 높이려면 채무자의 재산에 담보를 설정하고 돈을 빌려주는 것이다. 저당권, 전세권, 가등기를 설정하는 것이다. 채무자가 채무를 변제하지 못하면 바로 경매신청이 가능하다. 이를 임의경매라 한다. 임차인(전세권자)으로서 전세권등기를 설정해두면 전세보증금을 반환받지 못한 경우 바로 경매신청이 가능하지만, 전입일자와 확정일자만 받아두었다면 별도로 임차보증금반환청구 소송절차를 진행해야 하는 차이가 있다.

담보를 설정하지 않고 공증을 받아둔 경우는 공증서류에 집행문을 부여받아 강제경매의 신청이 가능하다. 만일 위 두 절차를 하지 않은 경우 소송을 통해서 판결문을 받아야 경매신청이 가능하다. 판결문을 받기 전 채무자의 임의처분을 막기위해서 가압류신청도 가능하다. 다만 판결문을 받는 기간과 경매가 진행되는 기간까지 고려하면 최종 배당으로 채권을 회수하는데 길게는 2년 이상 소요된다는 점을 알고 있어야 한다. 채무자의 재산에 대하여 이미 경매가 진행되고 있는 상황에서 경매신청채권자가 아닌 채권자가 경매를 신청하는 것을 이중경매라고 한다. 이미 경매가 진행되므로 배당요구로 채권의 회수를 할 수 있지만, 경매가 취하. 취소되거나 정지될 우려가 있다면 이중경매를 신청하는 것도 방법이다.

경매가 진행되는 과정에서 채권자는 주도권을 가진다. 첫 번째, 법원 서류의 열람이 가능하다. 누군가 작전을 위한 서류를 제출했다면 열람 후 방어가 가능하다. 두 번째, 매각기일의 연기가 가능하다. 매각기일의 연기로 이자소득을 늘릴 수 있다. 세 번째, 채권을 양도하거나 직접 입찰에 참여하여 부동산을 취득하는 옵션을 가진다.

입찰자의 지위에서는 알 수 없는 경매 판을 채권자는 통찰하고 주도할 수 있는 것이다. 만일 내부자가 되고자 한다면 채권자의 지위를 가져오거나 채권자의 친구가 되면 된다.

마지막으로 채권자로서 집중해야 하는 것은 배당표이다. 채권자가 받을 비용, 이자, 원금이 배당표에 정확히 반영되었는지 확인해야 한다. 다른 채권자가 허위로 작성한 채권계산서로 인해 자신의 채권이 침해되는지 검토해야 한다. 법원이 다 알아서 해주리라고 믿어선 안 된다. 꼼꼼히 짚어 확인하고 틀렸다면 배당기일에 참석하여 배당이의신청을 해야 한다. 그리고 배당이의의 소를 제기하고 배당기일로부터 1주 이내에 소 제기 증명서를 제출하여야 한다. 아주 중요함에 불구하고 놓치는 채권자가 제법 많다. 배당을 완료하여 법원을 떠난 돈을 다시 찾아오는 과정이 얼마나 험난한지 안다면 집중하지 않을 수 없을 것이다. 배당이의절차를 완벽하게 마쳐서 공탁금으로 묶어두어야 한다.

2. 임차인이 등장하면

필자가 체감하기에 입찰자가 가장 실수를 많이 하는 경매물건은 임차인(전세권자)이 등장하는 물건이다. 질문도 가장 많이 받기에 어떻게 하면 쉽게 이해시킬까 고민해보았다. 입찰자 입장에서 중요한 부분은 낙찰대금 외에 부담하는 임차보증금이 있는가이다.

임차인 권리분석

대항력
낙찰자에게 대항하는 힘-낙찰자가 별도로 임차보증금 지급
판단기준 : 전입신고

우선변제효
매각대금에서 순위에 따라 우선배당을 받는 효과
판단기준 : 전입신고 + 확정일자 + 배당요구

주의 : 숨어있는 선순위 권리 찾기 (예 : 당해세, 소액임차인, 선순위임금 채권)

1. 일단 전입신고가 말소기준권리보다 우선하면 떠안을 우려가 있다고 긴장하라.

2. 다행히 전입신고와 확정일자 모두 말소기준권리보다 우선하고 적법하게 배당요구하여 전액 배당받으면 인수하지 않아도 된다. 다시 강조하지만 전입일자와 확정일자 모두 앞서고, 배당요구도 적법하게 하여야 한다. and 요건이다. 모두 충족해야 한다.

전입일자와 확정일자가 다른 경우 늦은 날을 기준으로 우선변제의 효력이 인정된다. 아래의 사안은 전입시기와 확정일자 사이에 말소기준권리가 있는 사례로써 1명의 대금미납자가 있었다.

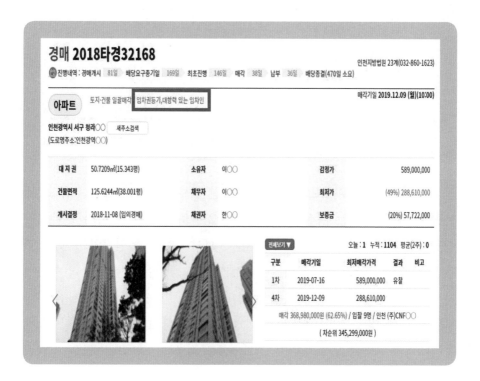

| 임차인 현황

목록	임차인	점유부분/기간	전입/확정/배당	보증금/차임	대항력	분석	기타
1	한○○	주거용 2801호	전입: 2014-12-12 확정: 2016-10-27 배당: 2017-01-16	보250,000,000원	있음	순위배당 있음 미배당 보증금 매수인 인수	임차권등기자, 경매신청인
기타사항	☞본건 현황조사차 현장에 임하여 임차인의 자녀를 면대한 바, 임차인 가족이 이건 부동산을 점유 사용하고 있다고 진술 ☞본건 조사서의 조사내용은 임차인 자녀의 진술과 전입세대열람에 의한 조사사항임 ☞한 :주택임차권등기자로서 주택임차권등기일은 2017.1.16.임.						

| 건물등기　(채권합계금액 : 3,532,583,761원)

순서	접수일	권리종류	권리자	채권금액	비고	소멸
갑(2)	2013-07-22	소유권이전(매매)	이○○			
갑(4)	2016-09-07	가압류	기○○	850,000,000	말소기준등기 2016카단5295	소멸
을(2)	2016-09-21	근저당	두○○	80,600,000		소멸
갑(5)	2016-10-26	가압류	중○○	1,739,862,346	2016카단811069	소멸
을(3)	2016-10-28	근저당	한○○	250,000,000		소멸
갑(6)	2016-10-31	가압류	삼○○	69,161,050	2016카단101718	소멸
갑(7)	2016-11-24	압류	안○○			소멸
갑(8)	2016-12-12	가압류	중○○	42,960,365	2016카단104253	소멸
을(4)	2016-12-16	근저당	한○○	250,000,000		소멸
을(5)	2017-01-16	주택임차권(2801호)	한○○	250,000,000	전입:2014.12.12 확정:2016.10.27	
갑(10)	2017-02-07	압류	국○○			소멸
갑(12)	2018-06-01	압류	예○○			소멸
갑(13)	2018-11-08	임의경매	한○○	청구금액 250,000,000	2018타경32168	소멸

　　전입일자는 2014. 12. 12.이고 확정일자는 2016. 10. 27. 이므로 우선변제권이 인정되는 시점은 2016. 10. 27. 로 인정된다. 따라서 말소기준권리인 가압류가 설정된 2016. 9. 7. 보다 늦다. 즉 임차인은 우선 배당받지 못하며 안분배당이 되는데 미배당된 보증금은 낙찰자가 인수하여야 한다. 전입일자는 말소기준권리보다 앞서기 때문이다. 만약에 허위임차인에 대한 공부를 심도있게 하고 싶다면 위 사례를 추천한다. 말소된 등기내역과 등기부상 드러나는 경매사건까지 모두 추적해가면서 허위임차인 여부를 판단해보시라.

　　배당요구는 배당요구종기일을 지킨 배당요구만 적법한 배당요구에 해당된다. 즉 배당요구종기를 지난 배당요구, 배당요구를 철회한 경우는 우선변제권을 인정하지 않는다.

아래의 사례는 대금미납자가 3명이 있는 사례이다.

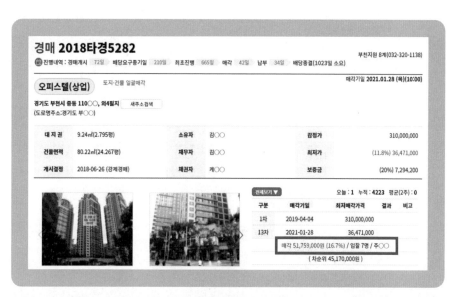

임차인의 확정일자와 사업자등록을 기준으로 판단하면 2018. 5. 16. 가압류보다 우선하여 배당받을 것으로 보이지만 배당요구종기 후 배당요구를 하였다. 따라서 우선변제권은 없다. 다만 임차인이 강제경매를 신청하였으므로 일반채권자로서 배당순위가 정해진다. 임차인은 전입신고(사업자등록), 확정일자, 적법한 배당요구를 모두 갖추어야 우선변제권이 인정된다. 다시한번 강조하지만 모든 요건을 갖춰야 한다는 것이다.

3. 전입신고가 말소기준권리보다 우선하면 떠안을 우려가 있지만, 다행히 전입신고와 확정일자 모두 말소기준권리보다 우선하고 적법하게 배당요구하여 전액 임차보증금을 배당받으면 인수하지 않아도 된다. 그런데 세금(당해세)이나 최우선변제에 해당하는 임금채권, 퇴직금채권, 소액임차권 때문에 임차보증금의 전액이 배당되지 못한다면 대항력이 남아있기 때문에 잔존 보증금은 인수된다.

이게 필자가 나름 간단명료하게 설명하는 방식이다.

위 3.을 설명하기 위해 아래의 사례를 소개하겠다. 경주에 위치한 오피스텔의 전세권자가 경매신청한 사안으로 전세보증금이 최우선 임금채권으로 배당금이 줄어드는 사례이다.

건물등기부등본을 보면 근로복지공단의 가압류, 선정당사자의 가압류 등이 보이고, 송달내역을 보면 임금채권자의 배당요구도 보인다. 위 오피스텔의 소유자가 사업자의 대표라는 반증이다.

2019.08.27	채권자 김○○ 보정서 제출
2019.08.29	가압류권자 신○○○○○ 권리신고 및 배당요구신청서 제출
2019.08.29	배당요구권자 근○○○○○ 권리신고 및 배당요구신청서 제출
2019.09.24	집행관 경○○○ ○○○ 현황조사보고서 제출
2019.10.11	임금채권자 두○○ 배당요구신청 제출

임차인 현황

소액기준일 : 2021-05-24 배당요구종기일 : 2019-10-21

목록	임차인	점유부분/기간	전입/확정/배당	보증금/차임	대항력	분석	기타
1	김○○	주거용 전부 2015.3.3.~2017.3.2	전입: 미상 확정: 미상 배당: 2019-08-07	보180,000,000원		전세권자로 순위배당 있음	선순위전세권등기자, 경매신청인
기타사항		* 김 :전세권자로서 전세권설정등기일은 2015. 3. 3임					

건물등기 (채권합계금액 : 644,923,957원)

순서	접수일	권리종류	권리자	채권금액	비고	소멸
갑(4)	2015-01-26	소유권이전(매매)	최○○		거래가액:218,000,000	
을(3)	2015-03-03	전세권(전부)	김○○	180,000,000	존속기간: 2015.03.03~2017.03.02	
갑(5)	2015-12-29	가압류	신○○	95,000,000	2015카단3295	
갑(6)	2015-12-30	가압류	대○○	302,905,486	2015카단6805	
갑(7)	2016-01-29	가압류	림○○	14,673,759	2016카단53	
갑(10)	2016-04-29	가압류	전○○	2,424,510	2016카단294	
갑(11)	2016-05-03	가압류	강○○	3,233,610	2016카단296	
갑(12)	2016-05-04	가압류	(선정○○	7,648,782	2016카단297	
갑(13)	2016-06-15	가압류	이○○	7,721,239	2016카단412, 홍콩 주희	
갑(14)	2016-11-15	압류	경○○			
갑(15)	2017-02-21	가압류	장○○	6,736,901	2017카단119	
갑(16)	2017-04-12	가압류	근○○	24,579,670	2017카단3089	
갑(17)	2017-12-04	압류	경○○			
갑(18)	2018-04-09	압류	국○○			
갑(19)	2019-08-07	임의경매	김○○	청구금액 180,000,000	2019타경4089	

이렇게 임금채권의 배당요구가 있으면 3월분의 임금채권과 3년치 퇴직금채권은 최우선으로 배당되므로 전세권자가 배당받을 금액이 인터셉터를 당하는 꼴이다. 전세계약을 하면서 집주인이 사업자의 대표 여부까지 확인하여야 한다는 결론이 나온다. 전세권자로서는 억울할 수밖에 없다.

만일 임차인이 법인이라면 권리분석을 어떻게 하여야 할까? 법인은 주택임대차보호법의 보호대상이 아니다. 하지만 예외가 있다.

참조조문

주택임대차보호법 제3조(대항력 등) ① 임대차는 그 등기(登記)가 없는 경우에도 임차인(賃借人)이 주택의 인도(引渡)와 주민등록을 마친 때에는 그 다음 날부터 제삼자에 대하여 효력이 생긴다. 이 경우 전입신고를 한 때에 주민등록이 된 것으로 본다.

② 주택도시기금을 재원으로 하여 저소득층 무주택자에게 주거생활 안정을 목적으로 전세임대주택을 지원하는 법인이 주택을 임차한 후 지방자치단체의 장 또는 그 법인이 선정한 입주자가 그 주택을 인도받고 주민등록을 마쳤을 때에는 제1항을 준용한다. 이 경우 대항력이 인정되는 법인은 대통령령으로 정한다.

③「중소기업기본법」제2조에 따른 중소기업에 해당하는 법인이 소속 직원의 주거용으로 주택을 임차한 후 그 법인이 선정한 직원이 해당 주택을 인도받고 주민등록을 마쳤을 때에는 제1항을 준용한다. 임대차가 끝나기 전에 그 직원이 변경된 경우에는 그 법인이 선정한 새로운 직원이 주택을 인도받고 주민등록을 마친 다음 날부터 제삼자에 대하여 효력이 생긴다.

법인은 주택임대차보호법의 보호대상이 아니지만 제2항의 법인 LH, SH, 경기지방공사와 제3항의 중소기업기본법에 해당되는 법인은 예외적으로 보호되는 것이다. 아래의 사례를 보면서 이해해보자.

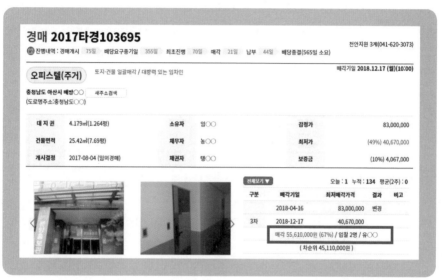

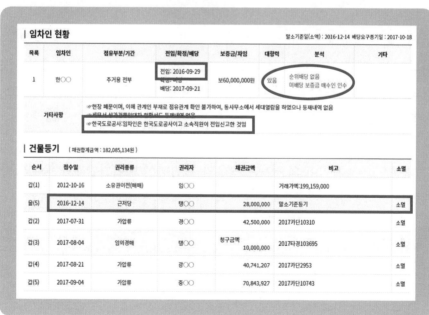

오피스텔에 거주하는 임차인의 전입신고가 말소기준권리인 근저당권의 설정일보다 빠르고, 확정일자가 없으므로 보증금 6,000만 원 전액이 인수의 대상으로 보인다. 매각물건명세서의 비고란에도 인수의 여지가 있다고 기재되어 있다. 그렇다면 5,561만 원으로 낙찰받은 사람은 바보일까? 낙찰자는 대금을 완납하였으며 배당까지 종결되었다. 과연 매수인에게 손해가 발생하는지 살펴보자.

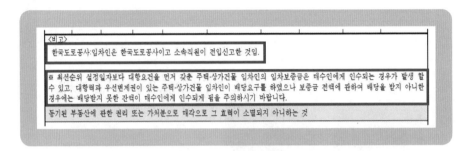

<비고>
한국도로공사:임차인은 한국도로공사이고 소속직원이 전입신고한 것임.

※ 최선순위 설정일자보다 대항요건을 먼저 갖춘 주택·상가건물 임차인의 임차보증금은 매수인에게 인수되는 경우가 발생 할 수 있고, 대항력과 우선변제권이 있는 주택·상가건물 임차인이 배당요구를 하였으나 보증금 전액에 관하여 배당을 받지 아니한 경우에는 배당받지 못한 잔액이 매수인에게 인수되게 됨을 주의하시기 바랍니다.

등기된 부동산에 관한 권리 또는 가처분으로 매각으로 그 효력이 소멸되지 아니하는 것

매각물건명세서 비고란 상단에 '임차인은 한국도로공사이고 소속직원이 전입신고한 것'이라고 명시하고 있다. 그렇다면 임차인은 법인이므로 주택임대차보호법의 보호를 받으려면 주택임대차보호법 제3조의 2항, 3항의 요건에 해당되어야 한다. 한국도로공사는 주택임대차보호법의 제2항과 제3항에 해당되지 않는다. 따라서 대항력은 인정되지 않는 것이고, 낙찰자는 보증금 6,000만 원을 인수하지 않는 것이다.

다음으로 임차인이 외국인인 경우와 관련하여 대법원판례와 출입국관리법을 소개한다.

관련판례 외국인이나 외국국적동포가 출입국관리법이나 재외동포의 출입국과 법적 지위에 관한 법률에 따라 외국인등록과 체류지 변경신고 또는 국내거소신고와 거소이전신고를 한 경우, 주택임대차보호법 제3조 제1항에서

주택임대차의 대항요건으로 정하는 주민등록과 같은 법적 효과가 인정된다고 판시하였고,

재외국민이 구 재외동포의 출입국과 법적 지위에 관한 법률 제6조에 따라 국내거소신고를 한 경우, 주택임대차보호법 제3조 제1항에서 주택임대차의 대항요건으로 정하는 주민등록과 같은 법적 효과가 인정되며, 이 경우 거소이전신고를 한 때에 전입신고가 된 것으로 보아야 한다고 판시하였다.

(대법원 2019. 4. 11. 선고 2015다254507 판결)

출입국관리법 제88조의2(외국인등록증 등과 주민등록증 등의 관계)

① 법령에 규정된 각종 절차와 거래관계 등에서 주민등록증이나 주민등록등본 또는 초본이 필요하면 외국인등록증이나 외국인등록 사실증명으로 이를 갈음한다.

② 이 법에 따른 외국인등록과 체류지 변경신고는 주민등록과 전입신고를 갈음한다.

매각물건명세서상 전입신고가 없음을 신뢰하고 경매부동산을 낙찰받았는데 외국인 임차인이 자신의 거소신고를 이유로 대항력을 주장한다면 낙찰자에게 불측의 손해가 발생한다. 그렇기 때문에 가능하면 낙찰과 동시에 점유자를 만나서 상황을 파악하여야 하고, 매각허가결정 전이라면 불허가신청을 하여 서둘러 탈출하여야 한다. 입찰과정에서 외국인의 거소신고여부를 확인할 법적장치가 마련되어야 할 것이다.

만일 여러분이 임차인 지위라면 법의 보호를 받기 위해서 전입신고는

필수이다. 임차인의 존재를 외부로 표시하는 중요한 수단이 전입신고이다. 그 다음으로 확정일자와 배당요구가 중요하다.

만일 자신이 점유하는 부동산에 대하여 경매가 진행된다면 배당요구를 할 것인지를 결정하여야 한다. 전입신고와 확정일자를 갖추어서 순위에 따라 배당이 가능한 경우에 배당요구종기내에 배당요구를 하여 보증금을 배당받을 수 있다. 다만 보증금의 수령과 명도는 동시이행관계이다. 즉 이사를 하고 낙찰자로부터 명도확인서를 수령받아 법원에 제출하여야 보증금을 받을 수 있다. 이사를 완료하였음에도 낙찰자가 명도확인서의 작성, 교부를 거절하는 경우 다른 방법으로 명도사실을 입증하여도 무방하다. 예를 들어 통, 반장의 확인서, 아파트의 경우 아파트 관리소장의 확인서로 대체할 수 있다. 입증이 어려운 사정이 있을 때에는 법원에 사실조회신청을 하여도 된다.

보증금을 배당받아서 이사하는 것보다 버티면서 시간을 끄는 방법을 택한다면 일부러 배당요구를 하지 않을 수도 있다. 요즘같이 부동산가격이 급격히 오르는 시기에는 배당받은 보증금으로 동일한 평수로 이사가기가 어렵다. 그래서 배당요구하지 않는 경우가 상당히 많다. 또 배당요구 후 입찰에 참여할 수도 있다. 낙찰이 된 후 상계신청을 하면 대금납부의 부담이 줄어든다. 여러 가지 경우의 수를 두고 자신에게 효과적인 방안을 선택하면 된다.

한가지 명심할 것은 주택임대차보호법에 의하여 대항력과 우선변제효가 인정되는 범위는 임차인이 점유하는 부동산에 한정된다는 사실이다. 그 외의 소유자 부동산에 대하여는 별도의 가압류, 압류 등 법적조치를 하여야 한다. 동일절차로 함께 진행되는 임차인의 옆 호수에 대하여는 우선변제의 효력이 미치지 않는 것이다.

그리고 전입신고가 말소기준권리보다 후 순위인데 말소기준권리의 채권액수가 크지 않는 경우 대위변제를 고려해볼 수 있다. 그렇게 함으로써 임차인의 대항력이 살아나고, 임차보증금의 손실이 줄어들 수 있다. 구체적 상황에 맞는 정교한 판단이 요구된다.

임차인이 대위변제를 하여 대항력이 살아나는 경우 매각허가에 대한 이의신청사유를 규정한 민사집행법 제121조 제6호에서 말하는 '부동산에 관한 중대한 권리관계의 변동'에 해당하여 매각불허가되거나 매각허가결정이 취소된다.

임대차가 종료되고 임차인이 보증금을 받지 못한 상태에서 주거를 이전해야 하는 경우 임차권 등기명령제도를 활용하여야 한다. 법원에 단독으로 신청 가능하며 임차권등기가 마쳐지면 이미 취득한 대항력과 우선변제권이 유지된다. 그리고 경매개시결정 전에 임차권등기명령에 의한 등기를 한 임차인은 우선변제를 받기 위한 배당요구가 없어도 당연히 배당된다. 주의할 사항은 임차권등기가 마쳐진 후 임차한 임차인은 주택임대차보호법 8조에 의한 우선변제를 받을 수 없다. 즉 소액임차인의 최우선변제권이 배제된다.

상가임차인이라면 상가임대차보호법이 적용되는 임차인인지 여부를 확인하여야 한다. 만일 아니라면 우선변제권이 없으므로 전세권등기와 같은 법적 안전장치를 하여야 한다. 그리고 상가임대차보호법상 차임증액 제한의 보호를 못받기 때문에 임대차종료 시 임대인이 과도한 차임증액을 요구할 경우 곤란을 격는다. 따라서 최초 계약 시 특약조항을 고려해야 한다. 다만 상가임대차보호법이 적용되지 않는 임차인이라도 대항력, 갱

신요구권, 권리금의 보호는 인정된다.

소액임차인으로 최우선변제권의 보장을 받으려면 경매개시결정등기 전에 대항요건(점유, 전입신고)를 갖추고, 배당요구종기까지 대항요건을 유지하여야 한다. 그리고 법에서 정하는 소액보증금에 해당하여야 한다. 그 기준시점은 최초 담보물권의 설정일이다. 왜냐하면 대출을 실행하는 금융권은 대출 당시의 주택임대차보호법을 기준으로 소액임차보증금을 고려하기 때문이다. 마지막으로 소액임차인은 배당요구종기까지 반드시 배당요구를 하여야 한다. 하지만 임차권등기명령 후 소액임차인은 보호받지 못한다.(주택임대차보호법의 제3조의 3 제6항)

임대차보증금의 감액으로 주택임대차보호법상 소액임차인이 된 경우 소액임차인으로 보호받을 수 있는지 여부에 대한 판례를 소개한다.

관련 판례 소액임차인의 경우 그 임차보증금이 비록 소액이라고 하더라도 그에게는 큰 재산이므로 적어도 소액임차인의 경우에는 다른 담보권자의 지위를 해하게 되더라도 그 보증금의 회수를 보장하는 것이 타당하다는 사회보장적 고려에서 나온 것으로서 민법의 일반규정에 대한 예외규정인바, 그러한 입법목적과 제도의 취지 등을 고려할 때, 채권자가 채무자 소유의 주택에 관하여 채무자와 임대차계약을 체결하고 전입신고를 마친 다음 그곳에 거주하였다고 하더라도 임대차계약의 주된 목적이 주택을 사용·수익하려는 것에 있는 것이 아니고, 실제적으로는 소액임차인으로 보호받아 선순위 담보권자에 우선하여 채권을 회수하려는 것에 주된 목적이 있었던 경우에는 그러한 임차인을 주택임대차보호법상 소액임차인으로 보호할 수 없다고 할 것이나 (대법원 2001. 5. 8. 선고 2001다14733 판결 등 참조), 실제 임대차계약의 주된 목적이 주택을 사용·수익하려는 것인 이상, 처음 임대차계약을 체결할 당시에는 보증금액이 많아 소액임차인에 해당하지 않았지만 그 후 새로운 임대차계약에 의하여 임대인과의 사이에 정당하게 보증금을 감액하여 소액임차인에 해당하게 되었다면, 그 임대차계약이 통정허위표시에 의한 계약이어서 무효라는 등의 특별한 사정이 없는 한 그러한 임차인이 같은 법상 소액임차인으로 보호받을 수 없다고 볼 수는 없다.

(대법원 2008. 5. 15. 선고 2007다23203 판결)

경매의 구조에서 특별한 사정이 없는 한 채무자. 소유자는 손해를 입는다. 채무자와 소유자가 동일한 경우가 대다수이지만 다를 수 있다. 채무자의 부채에 대하여 담보를 제공한 자가 채무자가 아닌 제3자인 경우이다. 예를 들면 회사의 부채를 담보하기 위해서 대표자 개인 부동산에 근저당권을 설정하는 경우이다.

채무자가 채무를 변제하지 못하여 경매가 시작된 경우 채무자, 소유자는 어떻게 하여야 할까? 경매로 진행되면 채무자, 소유자에게 손해가 발생할 가능성이 농후하므로 우선 경매를 막아야 한다.

첫 번째는 담보여력이 있다면 추가대출을 받아 경매신청채권을 변제하는 방법이다.

두 번째는 매매를 진행하는 것이다. 경매로 매각되는 것보다 급매가격이 좋다면 서둘러 급매대금으로 부채를 모두 변제하는 것이다. 경매로 마무리되어도 변제되지 않은 채무는 소멸시효가 완성되지 않는 한 계속 남아 있다. 심지어 사망하더라도 상속된다. 따라서 채무자, 소유자가 어쩔 수 없이 경매를 당하였다 하더라도 정신을 차리고 최선을 다해서 채무를 줄이도록 애를 써야 한다.

세 번째는 경매의 진행을 막을 수 없는 경우 최대한 낙찰가격을 높게 형성시켜야 한다. 운이라고 할 수 있으나 매각시기에 따라서 낙찰가격이 달라질 수 있다. 부동산 경기 상승기에 매각되면 다행이다. 경기 하락기에 매각되는 경우는 일반매매와 상당한 가격차이를 보이기 때문이다. 매각을 상당기간 연장시키다 경기상승기에 매각하는 사례도 있다. 가끔 경매사건 번호 중 앞자리 년도가 상당히 오래된 경매물건을 본적이 있을 것이다.

필자가 직, 간접 경험한 채무자, 소유자의 경매 탈출과정을 적어본다.

첫 번째는 매각불허가로 급한 불을 끄고 탈출한 사례이다. 사건번호는 생략한다. 주택에 대하여 경매가 진행되었고 낙찰까지 이루어진 상태에서 매각불허가를 받은 사례이다. 그 법적근거는 경매개시결정문이 주택의 공동소유자 중 1인에게 송달이 되지 않았음을 다투었다. 공유지분권자 중 1인이 경매개시결정문을 송달받지 못하였기 때문에 소유자가 경매를 방어할 기회를 놓쳤음을 주장하였다. 이를 입증하기 위해서 경매개시결정문의 송달당시 공유자 1인의 출국증명사실을 입증자료로 제출하였다. 그 결과 매각불허가를 받았고, 추후에 경매를 종료시켰다.

두 번째 사례는 매각허가결정까지 진행된 경매건을 매매로 전향한 사례이다. 이 방법이 가능한 최종시점은 낙찰자가 대금을 완납하는 하기 전까지 가능하다. 구체적인 방법은 "고수는 입찰에서 떨어져도 내것으로 만든다" 장에서 설명하였다.

세 번째 사례는 회생절차를 활용하는 것이다. 제주도의 렌트카 부지이다. 채무자인 법인이 법인회생절차를 진행하면서 회생 재판부로부터 강제집행정지결정을 받아서 매각불허가를 받은 것이다.

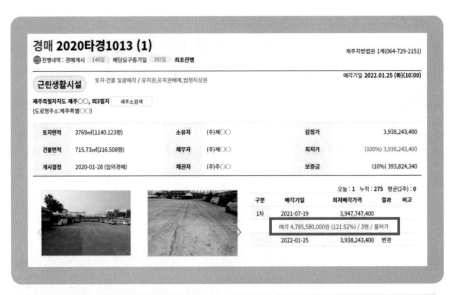

2021.06.24	승계인 예○○○○○○○○○○○○○○○○○ 경매속행 및 기일지정신청서 제출
2021.07.08	승계인 예○○○○○○○○○○○○○○○○○ 유치권배제신청서 제출
2021.07.12	교부권자 국(○○○○○) 교부청구서 제출
2021.07.12	교부권자 금○○○○ 교부청구서 제출
2021.07.19	채무자겸소유자대리인 김○○ 매각제외신청서 제출
2021.07.19	채무자겸소유자대리인 김○○ 집행정지신청서 제출
2021.07.20	채무자겸소유자 주○○○○○○○○○ 열람및복사신청 제출
2021.07.23	채무자겸소유자대리인 김○○ 강제집행정지신청서 제출
2021.08.18	최고가매수신고인 매수보증금 교부신청서 제출
2021.10.13	근저당권자 주○○○○○○○ 경매속행 신청서 제출
2021.12.03	승계인 예○○○○○○○○○○○○○○○○○ 경매속행 및 기일지정,매각제외신청서 제출
2022.01.17	채무자겸소유자대리인 김○○ 재감정평가신청서 제출
2022.01.20	근저당권자 주○○ 재감정신청 제출
2022.01.20	근저당권자 주○○ 재감정평가신청서 제출

주의할 점은 회생신청으로 경매진행에 변동이 되는 경우도 있지만 유지되는 경우도 있다.

강제경매인지 임의경매인지 여부, 개인회생인지 법인회생인지 여부에 따라 달라지므로 주의를 요한다.

위 사안에서 매각불허가 후 다시 경매가 진행되고 있다. 낙찰자 입장에서는 어렵게 잡은 꿩을 울면서 풀어주었는데 다시 경쟁하여 잡아야 하는 꼴이다. 이런 경우 낙찰자는 매각결정기일을 연기하여 달라고 재판부에 요청하여야 한다. 왜냐하면 회생신청이 기각될 수 있으며, 경매신청채권이 별제권으로 회생의 대상에서 제외될 수도 있기 때문이다.

간혹 채무자, 소유자가 고의로 경매를 진행시키는 경우가 있다. 설마라고 생각하겠지만 실제로 있다. 그 이유는 매매가 잘되지 않는 물건을 경매로 노출시켜서 매각시키는 것이다. 어찌보면 경매물건이 매매물건보다 홍보효과가 크기 때문이며, 경매로 노출시켜서 매매로 진행할 수도 있기 때문이다. 이런 경우라면 채권자와 공모해서 진행하기 때문에 매각기일을 최대한 연장할 것이다. 다만 금융권의 담보채권이 설정되어 있다면 채무자의 신용에 문제가 발생할 수 있다.

경매를 막을 방안이 없는 경우에는 채권자들에게 과다하게 배당되지 않았는지 확인하여야 한다. 배당표를 사전에 확인하고 이의가 있는 경우 배당기일에 참석하여 이의를 하거나, 사전에 서면으로 이의를 할 수 있다.

4. 법원

법원내 문서 접수창구 앞에 아래와 같은 문구를 보았을 것이다.

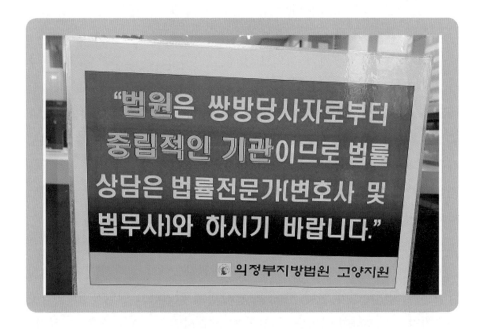

위 문구는 법원이 중립기관임을 알림과 동시에 우리 민사소송법이 처분권주의, 변론주의를 채택하고 있음을 내포하고 있다.

참조조문

민사소송법 제203조(처분권주의) 법원은 당사자가 신청하지 아니한 사항에 대하여는 판결하지 못한다.

쉽게 말해서 법원이 옛날 원님이 재판하는 것처럼 모든 것을 알아서 심판하는 것이 아니다. 법원은 당사자들이 주장하는 것에 한하여 판단할 뿐이다. 법원이 쟁점사안에 대하여 충고나 자문을 할 수 없는 것이다. 따라서 당사자들이 스스로 적극적으로 자신의 주장을 피력하고, 법적 근거를 제시하여야 한다. 그렇지 않아서 발생하는 피해는 당사자들의 몫이다. 그러므로 그 도움을 법원에 청하지 말고, 변호사 및 법무사에게 도움을 받으라는 것이다.

예를 들면 배당절차에서 자신의 경매사건이 진행될 때 적극적으로 배당이의를 하지 않으면 배당절차는 종료된다. 배당요구종기일을 넘긴 배당요구, 대금납부일로부터 6월이 지난 인도명령신청과 같이 법에서 정한 기한을 넘긴 권리주장은 인정되지 않는다. 매각기일에 공유자가 우선매수신청을 할 시기를 놓치면 법원은 이를 인정해주지 않는다. 당사자들이 알아서 자신의 권리를 챙겨야 한다.

법원이라는 기관은 중립적일 수밖에 없다. 첨예한 이해관계 속에서 누구의 편을 든다는 기미가 있다면 다른 누군가가 가만히 있겠는가? 따라서 승리하기 위해서는 법원이 나의 손을 들어줄 명분을 충분히 제공하는 방법 외에는 없다. 그럼에도 불구하고 내 뜻과 반대되는 결과가 나올 수도 있다. 필자가 앞에서 언급한 수원지방법원 2019타경18258 용인 아파트(2장 특수물건의 구조 6. 선순위 임차인) 사례와 같이 법원의 판단을 쉽사리 예단하여서는 안 된다. 환자에 대한 진단이 의사마다 다르듯이 분쟁에 대한 법적 판단이 재판부마다 다를 수 있다.

5. 위험한 주변인

경매를 하다 보면 많은 사람을 만날 수밖에 없다. 경매입문자라면 자신보다 경험과 지식이 많은 전문가로부터 자문을 받는 것이 안전하다. 권리분석에 대하여 변호사, 법무사, 컨설턴트 등에게 의뢰하고, 입찰가 산정을 위해서 중개사로부터 가격에 대한 조언을 얻는다. 어느 정도 경험이 있다 하더라도 특수물건이나, 세금 등 자신이 부족한 부분은 전문가로부터 확인받는 절차를 거친다. 필자 또한 그러했다.

그런데 이러한 과정에서 상호 간에 이익이 되는 사람이 있는가 하면 이익을 뺏으려는 사람도 있으며, 자신의 말에 책임지지 않는 이도 있다.

예를 들어 입찰전에는 대출이 충분히 가능하다는 대출중개인의 말을 믿고 입찰하였으나, 막상 낙찰 후에는 대출이 불가능하다고 하거나, 부동산 중개인이 매수자가 대기 중이라고 하였으나 막상 매물로 내놓으니 거래가 불가능한 경우이다.

경매컨설턴트로부터 언제까지 명도가 가능하다는 확답을 믿고 자신이 살던 집을 매도하고 이사하려는 당일까지 경매물건의 명도가 완료되지 못하여 이사짐을 창고에 보관하는 경우도 있었다.

컨설턴트에게 의뢰하고 낙찰받았으나 자신 외에 아무도 입찰하지 않은 점이 미덥지 않아 다시 시세를 조사한 결과 시세와 동일한 금액으로 낙찰받은 사실을 확인하고 입찰보증금을 포기하는 경우도 있었다.

자신이 부족한 부분에 대하여 전문가의 도움을 받는 것은 필요하다. 하지만 그들도 그들 나름의 목적이 있다. 변호사, 법무사는 수임을 하기 위하여 리스크 해결 확률을 부풀릴 수 있으며, 경매컨설턴트는 수수료를 받는 목적에 부합하려면 입찰가를 높게 올릴 수 밖에 없으며, 부동산중개인은 매도인에게는 가격하락을 매수인에게는 가격상승을 주장할 수 밖에 없음을 통찰해야 한다.

더 심각한 사례는 불법적인 방법을 조언하여 형사사건으로 비화되어 사태가 심각해지는 경우이다.

내가 경험하지 못한 시행착오를 줄이기 위해서 전문가의 도움은 필요하다. 하지만 그들이 내 재산을 책임져 주진 않으므로 조언을 이해하고 검증하는 시간이 필요하다. 훌륭한 조력자가 있는 반면 위험한 주변인도 있음을 명심하자.

제4장

명도는 종합예술

1. 명도 노하우

명도를 종합예술이라 칭한다. 그 이유는 명도과정이 변화무쌍하므로 상대방의 심리를 통찰하는 협상기술이 필요할 뿐만 아니라 협상의 결렬을 대비하여 강제집행을 신속히 진행시키는 법률지식과 경험이 필요하기 때문이다. 게다가 명도 스트레스에서 평정심을 유지하고 상황을 정확히 판단하여야 한다. 그리고 결단력 있게 행동하여야 한다. 그런데 이런 노하우는 결국 경험에서 쌓인다.

무협지에 나올만한 전쟁을 경험하진 않았지만 국지전을 수차례 격으면서 터득한 노하우 몇가지를 소개한다.

제1원칙 법적절차와 협상을 병행한다. 하지만 법이 최후의 배수진이다.
명도절차의 기본은 협상과 법적절차를 동시에 진행하는 것이다. 반드시 병행하여야 한다. 그럼에도 불구하고 점유자의 약속을 믿고 법적절차를 간과하다가 고생하는 경우를 제법 보았다. 점유자가 약속을 이행한다면 다행이지만, 점유자가 처한 상황이 점유자를 변하게 할 수 있다는 점을 명심해야 한다. 명도과정에서 어떠한 변수가 생길지 모르기 때문에 법적절차를 준비해두고 실제 진행할지 여부는 차후에 결정하면 된다.

제2원칙 피할 수 있다면 마찰을 피해라. 원원하는 경우도 있다.
아래 사안은 오래된 아파트 상가 경매이다.

전용면적보다 대지권이 크다. 아래 상가경매에서 두 가지를 언급하고자 한다. 먼저 명도부분을 기술한다. 이 물건은 물건번호가 2개 붙어있는 경매물건이다. 이건의 1번 물건을 낙찰받았고 잔금을 지급하기 전에 임차인과 협상으로 명도를 완료하고 인테리어 공사를 시작하였다.

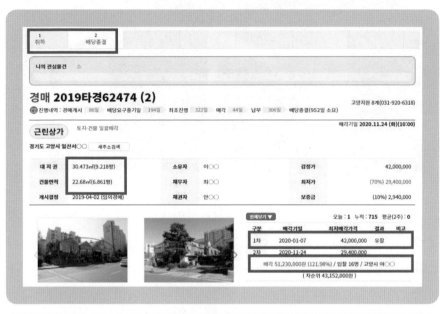

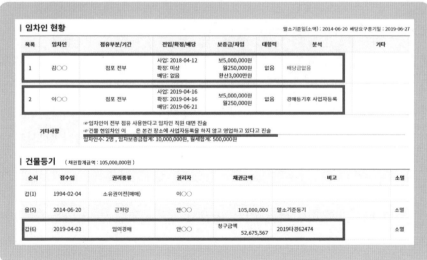

그 과정은 이러했다. 1번 물건만 고려하면 임차인이 배당을 전혀 받지 못한다. 하지만 2번 물건에서 소유자에게 잉여금이 발생할 여지가 충분하였다. 이 부분을 임차인에게 설명하고 소유자에게 돌아가는 잉여금에 대하여 가압류함으로써 임차보증금을 보전할 수 있다고 조언하였다. 2번 물건의 진행상황도 계속 알려주었다. 그 결과 임차인에게 이사비를 지급하지 않았고, 실내에 설치되어 있는 에어컨도 선물 받았다. 얼마 안 되는 밀린 관리비만 부담하였다. 임차인은 임차보증금을 지급받고 귤 한 박스를 선물하러 인테리어 공사가 완료된 상가에 방문하였다. 외모가 바뀐 상가에 놀라면서 자신이 입찰하지 않은 것에 아쉬움을 표했다. 모든 명도건이 박터지게 싸우는 것은 아니다. 서로 윈윈하는 경우도 있으니 잘 살펴보길 바란다.

　두 번째로 말하고자 하는 것은 입찰시기를 놓치면 안 된다는 것이다. 낙찰가율이 감정가대비 122%이다. 한번 유찰된 후 이렇게 높게 된 것이

부동산경매 타짜 기본서

다. 이렇게 높게 쓴 이유는 동일물건에 대하여 2013년에 진행된 경매에서 감정가가 4,000만 원이었다. 7년이 지났는데 200만 원 상승한 것으로 평가한 것이다. 게다가 입찰 당시 부동산 상승기와 맞물려 있었기에 입찰자가 많았다.

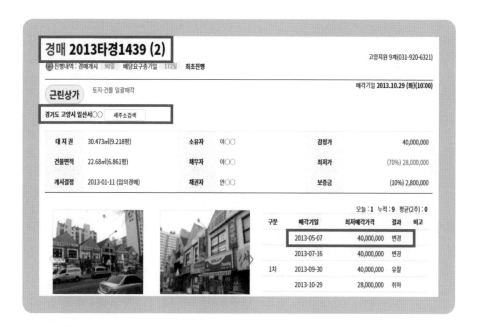

노후된 아파트상가이지만 대지지분도 제법 있었다. 얼마나 걸릴지 모르겠지만 재건축도 기대해 볼 만 하다. 그래서 필자의 것으로 만들려고 높게 쓴 것이다. 이 녀석을 1차 매각기일 전에 보았다면 이렇게 쓰지 않았을 것이다. 신건 입찰에서 놓쳤기에 눈물을 머금고 입찰금액을 올린 것이다. 꾸준한 검색이 수익의 기본이다.

제3원칙 입찰가에 명도 난이도를 계산하라

명도 난이도를 기준으로 줄을 세우면 1. 점유자가 없는 경우 2. 배당받는 임차인 3. 소유자 4. 배당을 못 받는 임차인 5. 유치권자 정도로 요약할 수 있다. 억울한 당사자를 상대할수록 명도 저항이 심하다. 물론 소유자는 자신의 부채로 명도 당하는 상황에 이르렀으므로 억울하지 않겠지만 선택의 여지가 없기에 저항할 수밖에 없다. 배당받는 임차인을 상대하는 경우 명도확인서라는 무기로 협상의 진도를 가속 시킬 수 있으니 큰 무리수는 없다.

점유자가 막무가내와 위력으로 대응하여 협상안이 좁혀지지 않는 경우는 결국 법으로 해결해야 한다. 허위의 유치권을 주장하는 경우가 대표적이다.

정작 어려운 명도는 노약자만 있는 경우이다. 이런 경우는 집행관 사무실에서도 난색을 표한다. 행여 발생할지 모르는 사태를 대비하기 위해 앰블런스까지 대동하여야 한다. 위력을 사용하거나 막무가내로 떼쓰는 사람보다 마음이 편하지 않다.

명도 과정에서 이사비를 너무 야박하게 지급하는 경우를 자주 본다. 박한 명도를 마치고 전리품을 취득할 당시에는 뿌듯할지 모르지만, 전리품의 숨은 부분에서 하자가 하나씩 발견될 때마다 심증은 가지만 확증할 수 없는 불쾌감을 느낄 수 있다. 요즘은 대부분 소유자, 임차인들의 배후에 법률조력자들이 있고, 인터넷을 통해서도 집행비용이 얼마가 되는지, 통상 이사비로 얼마가 지급되는지 알고 있다. 이사비를 너무 박하게 책정하는 것보다는 명도비를 여유있게 입찰가에 산정하고 낙찰 후 신속하게 무리 없이 명도하는 것이 효과적이다. 이사비를 한 푼이라도 아껴야 한다는 가치관을 탓할 수는 없지만 몇 차례 이사비로 씨름해보면 그 스트레스 비용이 더 클 것이라고 생각될 것이다.

부동산경매 타짜 기본서

아래의 사례를 보면 명도비용이 만만치 않음을 알 수 있을 것이다. 정확한 비용의 예측이 중요하다.

유찰이 많이 된 이유는 폐기물 처리비용이 상당하기 때문이다. 임장 당시에 폐기물이 없었지만 낙찰 후 폐기물이 쌓이는 경우도 있으므로 주의하여야 한다.

마지막으로 미납관리비를 승계하는 경우가 있으므로 사전에 확인하여야 한다. 특히 상가의 미납관리비가 상상을 초월하는 경우가 있으므로 유의해야 한다.

대법원 판례는 집합건물의 공용부분에 관하여 발생한 미납관리비는 특별승계인에게 승계되며, 공용부분에 관한 관리비인지 여부는 집합건물의 공용부분 그 자체의 직접적인 유지·관리를 위하여 지출되는 비용뿐만 아니라, 전유부분을 포함한 집합건물 전체의 유지·관리를 위해 지출되는 비용 가운데에서도 입주자 전체의 공동의 이익을 위하여 집합건물을 통일적으로 유지·관리해야 할 필요가 있어 이를 일률적으로 지출하지 않으면 안 되는 성격의 비용은 그것이 입주자 각자의 개별적인 이익을 위하여 현실적·구체적으로 귀속되는 부분에 사용되는 비용으로 명확히 구분될 수 있는 것이 아니라면, 모두 이에 포함되는 것으로 보고 있으며, 연체료는 승계대상이 아니며, 관리비채권의 소멸시효는 3년으로 판단하였다(대법원 2006. 6. 29. 선고 2004다3598,3604 판결). 주의할 것은 위 내용은 집합건물에 해당되는 내용이라는 점이다.

집합건물의 관리사무소와 미납관리비의 지급에 대하여 조율하는 과정에서 미납관리비 전부가 납부되지 않으면 주차장과 엘리베이터의 사용을 금지한다면서 막무가내로 나오는 경우도 있다. 이럴 때는 입주자대표회를 상대로 위 판례를 기반으로 내용증명을 발송하고, 그래도 해결이 안 되는 경우 우선 관리비 전액을 납부하고 소송을 통하여 반환받아야 한다. 필자는 강제집행형식을 빌어서 일단 명도를 마무리한 후 협상을 진행시켰다. 왜냐하면 강제집행과정을 관리사무소에서 막으면 공무집행방해가 되기 때문이고, 명도가 끝난 상황에서는 협상주체의 갑, 을 관계가 바뀌기 때문이다. 이제는 입주자대표회에서 낙찰자를 상대로 소송을 제기하여야 하는 번거로움이 남은 상황이 되기 때문이다.

제4원칙 집행관이 가장 중점을 두는 부분을 확인하라.

강제집행절차에 돌입하면 집행관이 가장 신경쓰는 부분이 무엇인지 알아야 한다. 그것은 바로 실제로 누가 점유하고 있는가 이다. 인도명령결정문에 명시된 상대방이 실제로 점유하는지 여부를 확인한다. 집행관은 집행 당시 만난 점유자의 진술, 점유자가 없다면 우편물, 사업자등록증, 카드단말기에서 출력된 영수증 등을 통하여 점유자를 확정한다. 만일 점유자가 인도명령결정문에 명시된 상대방과 다른 경우는 집행불능 처리된다. 이에 따라 집행불능조서가 작성되며 강제집행절차는 중단되므로 낙찰자는 점유자를 다시 특정하여 인도명령신청을 하거나, 승계집행문을 부여받아야 한다. 이런 불상사를 막기 위한 방법은 '최종병기 인도명령'에서 기술한다.

제5원칙 협상당사자를 잘 선택하라

명도 경험이 쌓이다 보면 경매에 대하여 전혀 모르는 문외한을 만나는 것보다 경매를 아는 당사자를 만나서 협상하는 것이 편하다. 한번은 명도의 직접 상대방이 법률사무소의 사무장이었다. 긴 말이 필요 없었다. 정확한 비용과 정확한 이사시기로 마무리하였다. 문외한을 만나면 상대방을 도와줄 대리인이 있는지 정중히 물어보라. 물론 일장 일단이 있다. 선수끼리는 적당한 타협선을 찾기가 빠르고 편하다. 다만 대리인과의 합의는 번복될 리스크가 있으므로 본인에게 확인받는 절차가 필요하다.

제6원칙 명도종료의 시기에 맞춰 마지막 이사비를 지급하라.

필자의 경우 명도 하는 날 현장에 꼭 참석한다. 물론 사전에 운송업체와 계약을 체결했는지 확인한다. 이사 전에 이사비를 지급해달라는 요구를 자주 받는다. 사람을 왜 믿지 못하냐면서 강하게 이사비의 사전지급을 요구하더라도, 이사비의 일부를 지급하는 경우는 있어도 전액 지급하는 경우는 없다. 현장에 필자가 나타나지 않으면 이사를 안 해도 좋다고 확신을 주고 이사비 지급을 미루어 둔다. 현장에서 손괴 된 부분이 있는지 확인하고 마지막으로 열쇠를 인도받은 후 나머지 이사비를 지급한다. 그리고 기분 좋게 상대방의 건승을 기원하면서 헤어진다. 배당을 받는 임차인에게 이사비와 명도확인서를 지급할 경우 배당기일에 배당이의가 없이 배당이 완료되었는지 확인하고 지급한다. 배당이의가 있으면 배당이의소송이 끝날 때까지 배당금의 지급이 보류되고, 명도집행도 보류된다.

2. 모르면 용감하다. (무단침입)

자신의 앞길에 꽃길이 펼쳐질 것이라 믿고 간다고 생각해보라. 눈을 감고도 용감히 갈수 있을 것이다. 하지만 낭떠러지가 기다리고 있을지 모른다는 생각이 들면 한발도 나서기 힘들 것이다. 인지편향이라는 말을 들어보았을 것이다. 쉽게 말해서 보고 싶은 것만 보는 것이다. 우리는 인지편향을 가지고 있다. 그렇기 때문에 보이는 리스크도 간과하는 경향이 있다. 이와 유사한 사례를 소개한다. 사건번호는 생략한다.

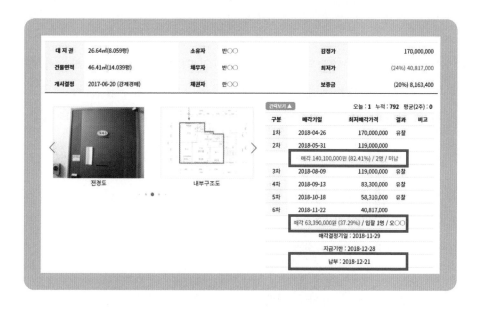

경기지역의 빌라 경매건이었고 현황조사에 의하면 전입신고만 있고, 확정일자와 배당요구가 없었다. 대항력이 있는 임차인이 있는 물건이었

다. 한 차례 유찰 후 낙찰이 되었으나, 대금을 납부하지 않았다. 그 후 몇 차례 유찰을 거듭하고 낙찰되었다. 이번에는 대금까지 납부하였다.

임차인 현황

말소기준일 : 2014-03-31 소액기준일 : 2018-11-22 배당요구종기일 : 2017-09-04

목록	임차인	점유부분/기간	전입/확정/배당	보증금/차임	대항력	분석	기타
1	임○○	주거용	전입 : 2014-02-28 확정 : 미상 배당 : 없음	미상		배당금없음 보증금 전액 매수인 인수 대항력 여지 있음 (전입일 빠름).	
기타사항		☞현장에 임하였으나 이해관계인을 만나지 못하여 점유관계를 확인하지 못하였으며, 안내문을 현관 출입문에 부착하여 두었음. 상세한 점유관계는 별도의 확인이 필요함 ☞동사무소에서 전입세대열람 결과 소유자가 아닌 주민등록 전입자를 임차인으로 기재하였음 ☞임 은(는) 전입일상 대항력이 있으므로, 보증금있는 임차인일 경우 인수여지 있어 주의요함.						

건물등기 (채권합계금액 : 68,091,961원)

순서	접수일	권리종류	권리자	채권금액	비고	소멸
갑(2)	2013-02-25	공유자전원지분전부이전	반○○		매매	
갑(5)	2014-03-31	압류	국○○		말소기준등기	소멸
갑(7)	2014-08-11	가압류	경○○	9,500,000	2014카단:	소멸
갑(9)	2015-02-25	가압류	와○○	9,370,500	2015카단:	소멸
갑(10)	2015-03-09	압류	인○○			소멸

대금까지 납부하였으니 관건은 임차인의 임차보증금을 인수하는가 여부와 인수한다면 임차보증금이 얼마인가 이다. 배당요구를 하지 않았으므로 임대차계약서가 제출되지 않았다. 임차보증금이 베일에 싸여있는 것이다.

하지만 낙찰자는 대금을 치르고 적법한 강제집행절차를 거치지 않고 무단으로 침입하여 시건장치를 바꾸었다. 낙찰자는 임차인이 허위임차인이라고 확증하고 법을 무시하고 일사천리로 불법을 감행한 것이다.

이에 임차인은 이 상황을 어떻게 대응해야 하는지 황급히 물어왔다. 민법에는 '자력구제'에 대하여 규정한 조문(민법 제209조)이 있다. 점유를 불법침탈 당한 경우, 즉시 법적절차 없이 스스로의 힘으로 점유를 회복할 수 있다는 내용이다. 이에 따라 임차인은 바로 자력구제로 점유를 회복하였다. 물론 시건장치도 바꾸었다. 그리고 낙찰자에게 주거침입을 이유로 형사고소를 진행한다는 내용과 임차인이 소유자를 상대로 받아둔 임차보증금반환청구소송의 승소판결문을 보내주라고 하였다.

바로 낙찰자는 자신의 판단이 잘못되었음을 알고 임차인에게 협상을 제안하여 왔다. 이건에서 임차인은 직장의 근무지가 바뀌면서 어쩔 수 없이 이사를 가야 했다. 그런데 임차보증금을 받지 못한 상태이므로 전입을 이전하지 못한 상태로 최소한의 짐만 남겨두고 이사를 갔던 것이다. 그러니 낙찰자가 장밋빛으로 그린 허위임차인 그림은 산산히 깨진 것이다. 자신의 판단이 확증편향으로 실체를 제대로 못볼수 있다는 가능성을 항상 열어두어야 한다. 다양한 관점에서 입체적으로 바라보아야 한다.

모르면 용감할 수 있다. 하지만 손해가 너무 크다. 이 건의 첫 번째 낙찰자는 입찰보증금만큼의 손해만 보았지만, 잔금까지 치른 낙찰자는 손해가 더 크다. 만일 낙찰받은 후 임차인을 직접 만나서 정황을 확인했다면 손해를 줄일 수 있지 않았을까? 임차인을 만나는 절차 또한 확증편향으로 간과하지 않았을까? 라는 생각을 해본다.

또 다른 사례로 전략적으로 명도를 방해했던 사안이다. 사건번호는 생략한다. 사우나와 피트니스가 운영되는 대형상가 임차인이 유치권 신고를 한 사례이다. 유치권의 해결은 그다지 어렵지 않았으나, 고의적인 점유자 변경이 문제되었다. 앞에서 언급했듯이 집행관은 인도명령결정문 상의 상대방이 점유를 하는지 여부를 반드시 확인한다. 그런데 계고절차에서 확인한 점유자와 본집행절차에서 확인한 점유자가 달라진 것이다. 당연히 집행불능이 되었다. 확인한 결과 임차인이 점유한 구분상가들 중 하나의 호수에 대하여 새로운 사업자등록을 발급받아서 그 점유를 주장한 것이었다. 명백하게 집행을 방해하는 행위였다. 이렇게 법의 허점을 이용하려면 배후에 법률조력자 있는 것이다. 집행절차에 대하여 이의를 제기하였고 재판부에서 인용하여 다시 본집행을 진행하였다. 아니나 다를까 집행현장에 임차인 측 법률사무소의 담당자가 부랴부랴 뛰쳐나와 집행이의 인용결정에 대한 송달이 없었음을 항변했으나 항변사유가 인정되지 않아 집행을 막을 수 없었다.

가끔 형사적으로 문제될 수 있는 방법으로 명도저항하는 경우가 있는데 최악의 결과가 도출될 수 있다. 위 사우나와 피트니스에 대하여 강제집행이 완료되자 피트니스를 이용하는 회원들이 임차인을 상대로 형사고소를 하여 임차인은 홍역을 치렀다.

그제서야 임차인은 낙찰자에게 사정사정을 하여 간신히 재임대계약을 하여서 회원들과의 마찰을 피하였다. 물론 차임은 기존보다 상당히 올라갔지만, 임차인이 또 월세를 지급하지 않고 명도를 회피하여 임대인이 고생했다는 후일담을 들었다. 임차인을 잘 들이는 것도 복이다.

명도절차 없이 무혈입성하는 방법도 있다.

첫 번째, 빈집을 골라서 터는 방법이다. 부동산등기부등본에 임차권등기명령이 설정되었다면 빈집일 가능성이 높다. 임차권등기명령은 임차인이 이사를 가면서 전입을 옮겨야하는 상황에서 대항력을 유지하기 위한 수단이다.

게다가 경매신청채권자가 주택도시보증공사 또는 서울보증보험인 경우는 빈집일 가능성이 더더욱 농후하다.

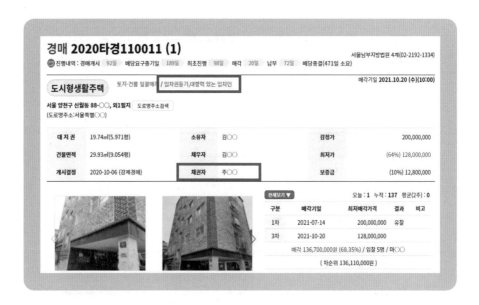

이런 물건의 구조는 임차인이 전세보증금을 대출받고 전세보증금 대출

의 반환에 대하여 주택도시보증공사나 서울보증보험이 보증을 하는 것이다. 따라서 전세기간이 만료되면 임대인이 보증금을 금융기관에 지급하여야 하는데 이를 이행하지 못하는 경우 보증기관인 주택도시보증공사나 서울보증보험이 보증금을 지급하고 구상권을 행사하기 위해서 임대인 소유의 부동산에 경매를 신청하는 것이다. 따라서 임차인은 부담없이 이주가 가능하지만 대항력 유지를 위해서 임차권등기명령을 하여야 하는 것이다.

임차보증금이 거의 시세에 육박하는 다세대, 도시형생활주택, 오피스텔의 경우 낙찰자가 나타나지 않기 때문에 하염없이 유찰이 된다. 그렇게 되면 주택도시보증공사나 서울보증보험의 손실이 확대되므로 대항력을 포기한다는 특별매각조건을 내세우는 경우도 있다. 이러한 물건을 낙찰받고 잔금을 납부하면 보증기관으로부터 현관 비밀번호를 바로 전달받을 수 있다.

두 번째, 임차인이 재계약할 확률이 높은 물건을 선정하는 것이다.

아래의 물건을 예시로 제시한다. 시흥시 산업단지내 공장이다. 3인이 입찰에 참여하였고 필자는 낙찰받지 못하였다.

이 공장을 방문해보면 현황사진과 마찬가지로 공장 내 기계가 가득 차 있을 뿐만 아니라 활발하게 운영되고 있었다. 조사한 결과 임차인의 영업이익도 괜찮았다.

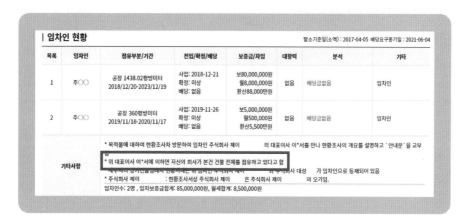

　그렇다면 임차인이 폐업할 가능성은 희박하고 다른 공장으로 이사할 경우 기계를 도비하는 비용이 상당할 것이다. 낙찰자와 재계약할 가능성이 농후하다. 이를 뒷받침하듯이 입찰자 중 1인은 임차인이었다. 임차인은 2등으로 아쉽게 낙찰자가 되지 못했다.

　상가임차인이 그 지역에서 오랫동안 영업을 한 경우 영업권 때문에 이사하기가 녹록지 않다. 재계약 가능성이 높은 물건을 잘 선정하는 것도 명도의 노하우이다.

4. 최종병기 인도명령

'명도노하우' 장에서 협상과 법적절차를 병행하되 법이 최후의 배수진이라고 설명했다. 그 배수진의 최종병기는 인도명령이다. (민사집행법 제136조)

부동산경매와 공매의 가장 큰 차이점은 인도명령신청절차의 유무이다. 부동산경매로 소유권을 취득하였다면 인도명령신청을 십분 활용해야 한다. 명도소송으로 진행될 경우 발생하는 비용과 소요시간과 비교하면 엄청난 효율이기 때문이다.

당연히 인용결정이 떨어지는 채무자나 소유자 상대의 인도명령신청은 기계적인 문구로 인용결정이 난다. 하지만 쟁점이 있는 유치권자나 임차인 등 점유자를 상대로 인도명령신청서를 작성한다면 모든 에너지를 쏟아부어 성심을 다하여야 한다. 기각결정이 난다면 명도소송을 진행해야 하기 때문이다. 몇 배의 인지대와 송달료가 소요될 뿐만 아니라 몇 차례의 변론기일이 진행됨에 따라 1년이라는 시간이 소요될 수 있다.

인도명령신청서를 작성할 때 정확한 사실관계, 증빙자료, 법적근거, 관련판례까지 세심하고 조리있게 작성하여야 한다. 명심할 것은 인도명령신청은 잔금납부 후 6개월까지만 가능하다. 그 과정 중에 협상에서 호의적이었던 상대방이 순간 돌변할 수 있다. 그제서야 인도명령신청을 준비하면 늦게 된다. 상대방의 태도와 별개로 인도명령신청절차를 마무리하고 기다려야 한다.

채무자.소유자 상대의 인도명령신청에 대하여 법원은 바로 인용결정을 하지만, 임차인을 상대로 한 인도명령의 신청절차는 심문절차를 거쳐서 결정을 한다. 따라서 기간의 차이가 있는 점을 알아야 한다.

민사집행법 제136조(부동산의 인도명령 등) 제4항 법원이 채무자 및 소유자 외의 점유자에 대하여 제1항 또는 제3항의 규정에 따른 인도명령을 하려면 그 점유자를 심문하여야 한다. 다만, 그 점유자가 매수인에게 대항할 수 있는 권원에 의하여 점유하고 있지 아니함이 명백한 때 또는 이미 그 점유자를 심문한 때에는 그러하지 아니하다.

물건번호가 있는 경매사건의 경우 통상적으로 모든 물건번호의 매각대금이 납부되어야 배당을 진행한다. 이런 경우 먼저 물건번호 하나를 낙찰받고 매각대금을 납부하였으나 다른 물건번호의 유찰로 인해서 임차인에 대한 인도명령결정이 상당히 더뎌질 수 있다. 이런 사태를 방지하기 위해서 아래와 같이 적극적으로 재판부에 자신의 사건만이라도 배당기일이 진행되도록 요구하여야 한다. 물론 재판부에서 납득할 충분한 명분을 주어야 한다.

2021.09.07	최고가매수인 매각대금완납증명
2021.09.07	최고가매수인 부동산소유권이전등기촉탁신청서 제출
2021.09.24	최고가매수인 열람및복사신청 제출
2021.09.28	집행관 최O 기일입찰조서 제출
2021.09.29	최고가매수인 이시배당 신청서 제출

만일 현황조사서 상에 임차인을 상대로 인도명령결정을 받았고 강제집행을 위해 개문을 하였는데 제3자가 점유하고 있다면 어떻게 되겠는가? 집행관은 강제집행을 진행하지 않고 불능처리한다. 이런 경우 인도명령신청을 다시 하여야 한다. 그런데 잔금을 납부하고 6개월이 지났다면 인도명령신청이 불가능하다. 이런 불상사를 대비하여 잔금을 납부함과 동시에 인도명령신청을 하여야 한다.

하나의 팁을 제시한다면 소유자, 채무자 상대의 인도명령결정문은 바로 나오기 때문에 그 결정문으로 강제집행을 서둘러 진행하면 설사 집행불능이 된다하더라도 점유자가 누구인지 정확히 특정할 수 있다. 집행불능조서 작성시 점유자가 누구인지 기재하기 때문이다.

점유자가 특정되었으므로 그 자를 상대로 인도명령신청을 하면서 불능조서를 첨부하면 된다. 요지는 서둘러 점유자를 확인해야 한다는 것이다. 필자는 점유자가 부재시 집행관에게 개문절차를 요구한다. 물론 추가비용이 발생한다. 하지만 차후 본집행 시 발생할 불상사와 비교한다면 약소한 비용이다. 다시 한번 강조하면 서둘러 점유자를 확인해야 한다.

그리고 인도명령신청서를 작성할 때 피신청인으로 소유자와 임차인을 함께 기재하는 경우가 있는데, 법원에서 받아주지 않는다. 각각의 인도명령신청서를 작성하여 제출하여야 하며, 법원은 각각 다른 사건번호를 부여한다.

대항력 있는 임차인에 대한 인도명령을 정리하면 다음과 같다. 대항력 있는 임차인이라도 배당기일에 임차보증금 전액을 배당받고, 그 배당표가 확정되면 배당금을 수령하였는지 여부와 무관하게 인도명령을 발령할 수 있다. 그러나 대항력 있는 임차인이 임차보증금의 일부만 배당받거나, 임차보증금전부를 배당받았다고 하여도 배당이의 등으로 배당표가 확정되지 않은 경우에는 인도명령을 발령하지 않는다.

관련 판례 부동산의 인도명령의 상대방이 채무자인 경우에 그 인도명령의 집행력은 당해 채무자는 물론 채무자와 한 세대를 구성하며 독립된 생계를 영위하지 아니하는 가족과 같이 그 채무자와 동일시되는 자에게도 미친다(대법원 1998. 4. 24. 선고 96다30786).

명도과정에서 상대방은 최후의 저항을 한다. 법원이 발송한 문서의 송달을 악의적으로 회피하고, 점유자를 변경하거나 심한 경우 무력시위도 불사한다. 명도과정은 다양한 변수들이 발생하며 이와 맞서 싸우는 최종병기는 인도명령이다.

5. 명도의 마무리 강제집행

　　인도명령결정을 받는 과정은 법원 경매계에서 이루어진다. 그 다음 강제집행을 위한 절차는 법원 집행관사무소에서 이루어진다. 강제집행을 신청하려면 인도명령결정문에 집행문과 송달확정증명원을 첨부하여야 한다. 즉 인도명령결정문이 상대방에게 송달되어야 집행이 가능한 것이다. 상대방이 송달을 회피하는 경우 특별송달을 거쳐 공시송달을 하여 송달간주되어야 집행이 가능하다.

　　이렇게 인도명령결정문, 집행문, 송달확정증명원을 갖추어 집행관사무소에 방문하여 강제집행신청서를 작성하고 제출하면 비용을 예납하라고 한다. 이 비용은 집행관이 계고를 위하여 현장을 방문하는 교통비 정도로 이해하면 된다. 계고란 용어가 생소한데 강제집행이 진행된다는 내용을 알리는 절차로 이해하면 된다. 그렇기 때문에 비용이 크지 않다. 비용을 예납하고 기다리면 집행관사무소에서 계고일정을 알려주고, 당일 집행현장에 참여하여야 한다. 계고과정에서 점유자를 만나면 집행관은 2~3주의 기한이 지나면 본집행이 가능하다는 취지를 설명한다.

　　만일 집행현장의 문이 잠겨있는 경우 계고장을 문안으로 밀어넣거나, 문앞에 붙여놓는다. 그런데 앞에서도 언급했듯이 점유자를 확실히 특정하고 싶다면 집행관에게 개문절차를 요구하여야 한다. 개문절차에는 열쇠공과 집행현장에 참여하는 증인 2명이 필요하다.

집행관이 강제집행 시 가장 중점을 두는 것은 인도명령결정문의 상대방이 실제 점유자인지 여부이다. 따라서 현장에 점유자가 없다면 현장 내 사업자등록증, 우편물, 게시물, 카드단말기의 전표 등을 확인하여 점유자를 확정한다. 명도를 서둘러 마치고 싶다면 이 과정에 적극 참여하여야 한다.

계고절차를 마치면 점유자로부터 연락이 올 가능성이 높다. 그렇게 협상으로 마무리되면 다행이지만, 그렇지 않은 경우 계고에서 정한 기한이 지나고 본집행을 신청한다. 집행관사무소는 본집행에 참여할 노무자의 수에 대비하는 비용을 사전납부하라고 안내한다. 그 비용 외에도 점유자의 물건을 보관할 업체와 계약을 체결하고 비용을 납부한다. 기타 사다리차 등 비용도 준비한다.

본집행이 마무리되면 점유자의 물건은 보관업체에 보관되는데, 점유자가 강제집행신청자의 동의 없이 함부로 가져갈 수 없다. 만일 점유자가 물건을 찾아가지 않는 경우 보관비가 계속 발생한다. 이런 경우 집행관사무소에 유체동산매각절차를 진행하여 달라고 요청하면 된다.

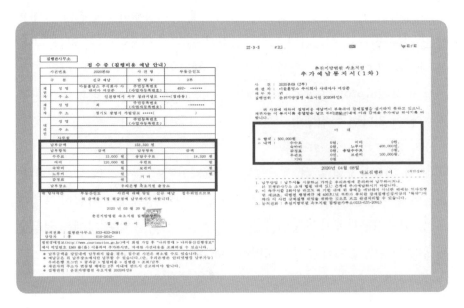

점유자 상대로 물건을 찾아가라는 내용증명을 2차례 발송하고 점유자의 초본을 첨부하여 유체동산매각을 신청한다. 누군가 그 물건을 낙찰받아가면 다행이지만 그렇지 않은 경우 강제집행신청자가 유체동산을 낙찰받아 폐기 처분하여야 한다. 이 절차를 무시하고 함부로 처분하면 손괴죄, 절도죄와 같은 형사문제가 발생하므로 위 절차를 준수해야 한다. 어려워 보일 수 있지만 한번 경험하면 어렵지 않다.

참조조문

민사집행법 제258조(부동산 등의 인도청구의 집행) ①채무자가 부동산이나 선박을 인도하여야 할 때에는 집행관은 채무자로부터 점유를 빼앗아 채권자에게 인도하여야 한다.

②제1항의 강제집행은 채권자나 그 대리인이 인도받기 위하여 출석한 때에만 한다.

③강제집행의 목적물이 아닌 동산은 집행관이 제거하여 채무자에게 인도하여야 한다.

④제3항의 경우 채무자가 없는 때에는 집행관은 채무자와 같이 사는 사리를 분별할 지능이 있는 친족 또는 채무자의 대리인이나 고용인에게 그 동산을 인도하여야 한다.

⑤채무자와 제4항에 적은 사람이 없는 때에는 집행관은 그 동산을 채무자의 비용으로 보관하여야 한다.

⑥채무자가 그 동산의 수취를 게을리 한 때에는 집행관은 집행법원의 허가를 받아 동산에 대한 강제집행의 매각절차에 관한 규정에 따라 그 동산을 매각하고 비용을 뺀 뒤에 나머지 대금을 공탁하여야 한다.

제5장

부동산 경매라는
무기를 장착하라

1. 경매를 왜 알아야 하는가?

　공장을 소유하고 수년간 운영하신 사장님들 중 공장운영으로는 먹고 살 정도 벌었지만, 공장 부동산을 매각하거나 수용되면서 상당한 이득을 보았다고 하시는 분이 많다. 반면 공장을 임차하여 운영하시는 사장님들 입장에서는 '그때 힘들었어도 공장을 취득하였어야 한다.' 고 푸념한다. 임대차는 자산가치 증가의 혜택을 누릴 수 없으며, 인플레이션을 헷지할 수 없기 때문이다. 게다가 임차인으로 월세를 낼 수 있다는 것은 이자를 충분히 낼 수 있었다는 것이다. 공장의 취득 당시 초기투입비용이 임대차보증금보다 많아서 버겁더라도 공장의 경우 대출특혜가 제법 있으므로 무리를 해서라도 공장을 매입했다면 소유권의 취득이 가능했는데 그러지 못했으니 아쉬움이 클 것이다.

　젠트리피케이션이라는 용어를 들어보았을 것이다. 젠트리피케이션이란 도심의 특정 지역이나 장소의 용도가 바뀌는 등 변화에 따라 부동산 가치가 상승하면서 기존 거주자 또는 임차인들이 내몰리는 현상이다. 이태원 가로수길이 트렌디한 임차인으로 채워지면서 사람들이 몰리는 상권으로 변하였다. 상권의 변화는 월세의 상승으로 이어지고 부동산의 가격도 상승하였다. 하지만 월세의 상승을 견인했던 임차인은 더 이상 버티지 못하고 떠나야하는 신세가 되었다. 그 자리는 대형 프랜차이즈 업체들로 채워진다. 임차인은 자산상승의 개국공신이다. 하지만 그 혜택을 누리지 못하고 내몰린다.

부동산은 금융권의 대출자금, 임차보증금, 소유자의 투자비용으로 구성된다. 임차인이 저축한 금융권의 자금이 임대인의 자산으로 형성되는 꼴이다. 부동산의 전체금액이 아니라 소유자가 부담하는 투자비용의 유무에 따라 부동산의 취득여부가 달라지는 것이다.

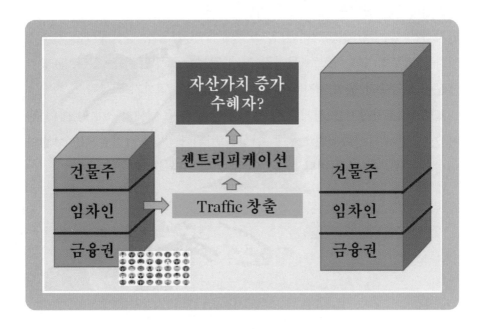

그런데 시세보다 싸게 부동산을 취득한다면 소유자가 부담하는 투자비용을 줄이거나 투자비용이 없이 부동산을 취득하는 것이 가능하다. 그수단이 경매이다.

경매의 목표는 물건을 싸게 취득하는 것이다. 싸게 취득한다는 것은 시세보다 낮은 가격으로 취득하는 것이다. 앞서 사례에서 보았듯이 실력만 있다면 시세의 절반 아래의 가격으로 충분히 취득할 수 있다.

가장 대중적 투자방법이 갭투자일 것이다. 그런데 경매로 접근하면 갭이 없는 경우도 있다.

그리고 싸게 낙찰받으면 버티는 힘이 있다. 분양상가는 가격이 만만치 않은데 상권이 형성되려면 상당히 기간이 필요하다. 이 기간을 못버티고 경매시장으로 나오는 상가들이 있다. 왜냐면 상권이 형성되지 않았으니 임차인은 높은 월세를 꺼려한다. 그런데 상가 분양주 입장에서는 최소한 이자를 납부하여야 하므로 무작정 싸게 월세를 조정할 수는 없다. 그렇기 때문에 분양주가 울며 겨자먹기로 직접 상가를 운영하기도 한다.

그런데 분양상가를 경매로 싸게 낙찰받는 경우 월세를 조정할 폭이 생기고, 상권이 활성화되면 월세를 인상하면 된다. 싸게 낙찰받으면 상권이 형성되지 않은 시기를 버틸 힘을 보유하는 것이다.

2. 부동산 상승기의 경매, 하락기의 경매

부동산 상승기에 입찰장에서 최고가매수인의 낙찰금액이 호창되면 "저렇게 높게 써서 가져가는가"라는 웅성웅성하는 소리가 들린다. 여러분은 왜 그런지 생각해보았는가? 바보가 아닌 이상 비싸게 구매하고 싶지 않다.

상승장 매매시장에서 매수의사를 보이면 매도자가 물건을 빼거나, 호가를 높이는 경우가 허다하기 때문이다. 상승장에서는 매매 계약서를 작성하고 계약금을 지급한 경우에도 계약금의 배액을 지불하고 계약이 파기되는 경우가 적지 않다.

매매는 쌍방의 합의와 이행을 전제로 하는데 상승장에서는 이를 기대하기 어렵다. 반면 경매는 최고가매수인이 되는 순간 매수가격의 변동이 불가능하다. 그렇기 때문에 다소 높은 금액의 낙찰가가 나오는 것이다.

그렇다면 부동산 하락기의 경매는 어떤 의미가 있을까?

부동산 경기가 하락하면 위축심리로 입찰장이 한산하다. 따라서 하락기 매매시장에서 형성되는 매도호가보다 훨씬 저감된 금액으로 낙찰받을 수 있다. 매매시장보다 더 급락하여 낙찰가격이 형성되므로 가격메리트가 충분히 있다. 하락기에 핵심지역에 적극적으로 투자하여야 한다. 왜냐하면 상승기에 핵심지역을 취득할 가능성은 너무 희박하기 때문이다. 핵심지역의 요건은 강남접근성, 교통편의성, 교육.의료기반시설 인프라, 업무시설(직주근접), 조망권(강,숲), 대규모개발프로젝트의 유무로 판단하면 된다.

　따라서 경매는 부동산 상승기와 하락기 모두 의미를 가진다. 하지만 상승장에서는 가격이 너무 높다고, 하락장에서는 공포심으로 입찰하지 못한다. 도대체 언제가 가장 좋은 입찰 타이밍일까?

3. 큰 수익은 타이밍과 포인트

주식투자 스타일을 스켈핑, 데이트레이딩, 스윙, 장기투자(가치투자)로 나뉘는데, 부동산도 단타거래, 중장기 거래가 가능하다. 그러면 어떤 스타일이 수익을 많이 낼까?

필자는 정답은 없고 각자의 자금규모, 성향에 따라 다르다고 생각한다. 하지만 큰 수익을 올리는 방법으로 아래의 기사는 부동산투자의 참고 사례로 삼을 만하다.

≡ 머니투데이　　28억→230억...서장훈의 빌딩투자 비결

이에 스타 농구선수 출신 방송인 서장훈씨의 빌딩투자가 주목받는다. 서씨는 20여년 전 빌딩을 처음 산 이후 현재까지 3곳에 빌딩을 보유하고 있다.

13일 부동산업계와 인터넷등기소 등에 따르면 서씨는 2000년 서울지하철 3호선 양재역 출구 바로 앞 서초동 빌딩을 경매에서 28억원에 낙찰받으며 빌딩투자에 첫발을 내딛었다.

당시는 외환위기 직후라 부동산 경기가 좋지 않았던 때지만 과감하게 투자를 결정했다. 지하 2층~지상 5층짜리 이 건물(대지 276.9㎡, 연면적 1474.78㎡)은 리모델링을 했고, 현재 시세는 230억원대로 알려졌다. 강남대로와 남부순환로의 교차점에 있고 젊은 유동인구 밀집지역에 있어 전광판도 설치됐는데, 광고료도 쏠쏠하다는 평가다.

서장훈은 부동산시장의 변곡점에서 노른자 자리에 투자를 하였고, 그 수익률은 어마어마 할 것이다. 이런 물건은 매도하지 않고 계속 보유해야 하는 물건이다.

주식과 부동산 모두 시장흐름에서 큰 변곡점이 있다. IMF, 미국발 금융위기, 코로나 등 시장이 위축될 때 기회가 온다. 그 기회에 어느 지점에 투자를 할 것인가? 채권시장, 주식, 부동산, 외환 중 부동산에 투자한다면 어디에 투자할 것인가?

만남을 위해서는 시간과 장소를 정하여야 하는 것처럼 큰 돈을 만나려면 타이밍과 포인트를 잘 정해야 한다. 그 방법으로 경매를 알아두면 유용하다.

4. 물건의 종류별 검토사항

부동산 물건의 종류별 검토사항을 간단히 정리해본다. 교통과 개발호재는 당연히 모든 물건의 검토사항이므로 일일이 거론하지 않겠다.

주거용 부동산은 기본적으로 주거쾌적성을 우선으로 한다.

아파트는 단지의 규모, 초등학교 유무, 학군, 주차장, 계단식이냐 복도식이냐, 재건축.리모델링 가능성이 주요포인트이고, 경제활동이 활발한 연령층이 주로 거주하는 지역이 거래가 많고 가격상승폭도 크다. 아파는 시세에 비하여 많이 싸게 매수할 수 있는 종류가 아니고, 경기에 민감히 반응한다.

다세대는 신축이라도 하자여부를 특히 신경써야 하고, 재개발가능성이 검토대상이다. 소액투자가 가능하지만, 가격상승률과 환금성이 떨어진다.

오피스텔은 시세차익이 어려운 점을 감안하고, 꾸준한 수익률을 받쳐줄 것인가에 초점을 맞춘다. 주변의 공급상황에 따른 공실가능성과 노후도가 검토대상이고 특히 교통의 영향을 많이 받는다. 오피스텔은 양도세 계산과정에서 주택으로 포함될 수 있다. 주택으로 포함되는 경우 기존 보유주택에 영향을 주므로 조심하여야 한다.

다가구는 임차인이 많기 때문에 정확한 권리분석이 필수다. 인수금액과 집행비용산정에서 착오가 있으면 손해가 발생할 수 있다. 또 명도할 상대방이 많으므로 명도과정에서 곤란을 격을 수 있다.

상가는 상권과 입지를 파악하기 위해서 배후세대 및 동선, 상가의 노출 정도, 간판위치, 관리비의 정도, 상가로 가능한 업종, 임대보증금과 월세의 정도를 확인하기 위해 주간, 야간, 주중, 주말 모두 현장에 가보아야 한다. 그리고 현황조사서 상의 임대차 내역 중 신고된 보증금과 월세금내용을 그대로 믿으면 안된다. 얼마든지 부풀릴 수 있기 때문이다.

앞 상가의 임차인은 법인이다. 상가의 소유자는 임차인 법인의 대표이사이다. 과연 저 임대차계약의 월세가 적정하다고 볼수 있을까?

상가를 처음 접하는 초심자들이 범하는 실수로 대표적인 것이 자신의 눈에 좋으면 훌륭한 상가라고 착각하는 것이다. 예를 들면 경매로 나온 호수가 대로의 1층 상가를 높은 가격으로 낙찰받는 경우이다. 전망이 좋고 교통도 좋다고 생각할지 모르나, 배후세대가 있어야 할 장소에 호수가 있으니 유동인구가 없다는 얘기다. 게다가 대로는 차들이 멈추기 어렵다. 사람의 이동과 운집이 없으니 상가의 효용이 떨어지는 것이다. 당장은 호수의 전망으로 낙찰자의 눈이 정화될 수 있겠지만 시간이 지나면 속이 뒤집힐 것이다.

신도시 공실상가가 경매로 진행되는 경우 상당히 유찰된 상태에서 저가로 낙찰받을 기회가 있다. 장래의 상권을 판단해보고, 상권이 활성화될 때까지 버틸 수 있거나, 상권에 맞는 컨텐츠가 있다면 입찰을 고려해보시라.

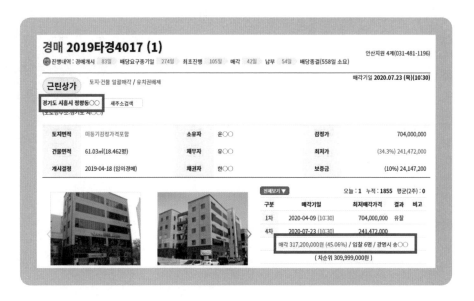

물건번호가 4번까지 있는 1층 구분상가이다. 공실이 많기 때문에 낮은 가격으로 낙찰받았다. 상권이 활성화된다면 성공적 입찰이 될 것이다. 상권의 움직임은 살아있는 생물과 같다. 코로나로 역세권 대형상가들이 어려움을 겪고 있지만 이면도로 소형상가는 반사이익을 누리고 있다. 상가투자의 성패는 다리품이 결정한다. 중개업소나 상가전문가의 권유에 매몰되지 말자.

공장.창고는 층고, 전력, 수도장치, 폐기물여부, 산업단지내 공장은 산업분류코드, 작업동선, 차량동선, 호이스트 설치여부, 강제집행시 도비비용, 공장저당목록 외 기계가 있는지 여부 등이 검토사항이다. 그리고 근로자의 출근동선이 용이하지 않으면 일할 사람을 구하지 못한다.

토지는 도로의 유무, 농지취득자격증명원, 건축사항(건폐율.용적율), 분묘, 전용허가, 토지이용계획확인원 등 검토사항이 많다. 특히 가짜 도로에 유의하여야 한다. 토지는 결국 방대한 부동산 공법에 대한 지식과 국가, 지자체의 개발계획을 내 것으로 만들 수 있어야 타짜가 되는 것이다. 도로, 맹지에 대한 투자는 특히 신중을 기해야 한다.

위 물건 중 아래로 내려갈수록 부동산의 가격을 알기 어렵다. 가격파악이 어려운 만큼 전문성이 필요하고 경쟁자가 줄어든다. 그러면 싸게 취득할 가능성이 높아진다.

5. 공부 방법론

처음 경매를 접하는 과정에서 두려움을 느끼는 것은 당연하다. 그렇다고 그 두려움이 너무 과하여 경매이론을 완전히 마스터하고 입찰하겠다는 의지를 불태우면 곤란하다. 완벽하게 마스터하려면 민법, 민사집행법부터 시작하여 수많은 법률서적과 부동산정책, 건축지식, 세법까지 섭렵하여야 한다. 그 과정 속에서 입찰 한번 하지 못해보고 지치게 된다.

그래서 필자가 추천하는

첫 번째 방법은, 사례를 놓고 공부하는 방법이다. 대법원 부동산경매 사이트 외에도 무료로 검색이 가능한 사설 사이트들이 많이 있다. 내가 살고 있는 지역이나 잘 아는 지역을 기준으로 검색을 꾸준히 하는 것이다. 가격과 가치에 대하여 어느 정도 정보가 있으니 물건선정이 가능하다.

그리고 그 물건을 입찰한다는 생각으로 하나씩 알아나가는 방식이다.

그렇게 앞에서 설명하였던 절차대로 하나씩 검토하면 경험치가 쌓이는 공부가 되는 것이다.

모의 입찰을 해보고 낙찰결과까지 확인해본다. 만일 잔금미납이 있는 경우 그 이유를 검토하면 내 것으로 체화된다. 필자는 입찰에서 떨어진 상가도 시간이 지난 후 방문해본다. 어떤 업종이 들어왔는지를 확인하는 것이다. 자신의 예상이 맞았는지 확인하는 과정에서 놀라운 인사이트를 얻기도 한다.

경매 **2018타경5368 (15)**

고양지원 13계(031-920-6325)

진행내역 : 경매개시 89일 배당요구종기일 121일 최초진행 651일 매각 50일 납부

매각기일 **2020.09.16 (수)(10:00)**

근린상가 토지·건물 일괄매각

경기도 고양시 일산서○○ 새주소검색
(도로명주소:경기도 고○○)

대 지 권	43.83㎡(13.259평)	소유자	(주)태○○	감정가	511,000,000
건물면적	99.9㎡(30.22평)	채무자	(주)태○○	최저가	(16.8%) 85,884,000
개시결정	2018-05-09 (강제경매)	채권자	송○○	보증금	(20%) 17,176,800

전경도 전경도

오늘:**1** 누적:**1243** 평균(2주):**0**

구분	매각기일	최저매각가격	결과	비고
1차	2018-12-05	511,000,000	유찰	
	2019-01-16	357,700,000	변경	
2차	2019-05-08	357,700,000	유찰	
3차	2019-06-12	250,390,000		
	매각 261,510,000원 (51.18%) / 1명 / 불허가			
	2019-08-21	250,390,000	변경	
4차	2019-12-04	250,390,000	유찰	
5차	2020-01-15	175,273,000	유찰	
6차	2020-02-19	122,691,000	유찰	
	2020-03-25	85,884,000	변경	
7차	2020-07-08	85,884,000		
	매각 135,000,000원 (26.42%) / 4명 / 미납			
8차	2020-09-16	85,884,000		
	매각 130,500,000원 (25.54%) / 입찰 5명 / 고양시 임○○			

　병원의 일부로 쓰던 구분상가이다. 상당히 유찰되었고, 미납도 한차례 있었다.

　현장을 방문하니 창문이 없는 먹통상가였고 동선상 사람의 왕래가 없는 자리이다.

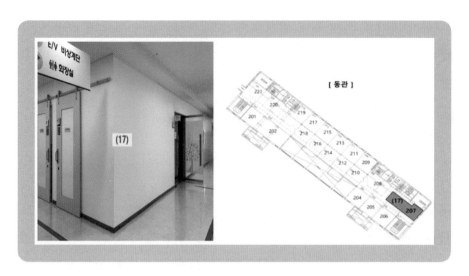

　　과연 어떤 업종이 들어올지 궁금했다. 공실로 상당기간 있다가 입시 공부방이 들어왔다. 공간과 맞아떨어지는 업종이다. 쓸모없는 공간은 없다. 다만 내 눈이 찾지 못할 뿐이다.

이런 과정을 통해 책만 봐서는 얻을 수 없는 감이 생긴다. 책을 읽을 때는 이해되는 것 같지만 막상 시험을 보면 문제를 풀 수 없었던 경험을 다들 하였을 것이다.

두 번째 방법은, 문명의 이기를 잘 활용하는 것이다. 부동산 관련 인터넷사이트, 모바일 앱을 통하여 양질의 정보를 습득하고 시간을 절약할 수 있다. 유용한 사이트와 앱을 소개한다.

대법원관련 사이트로 대법원경매정보, 대법원인터넷등기소, 대법원 나의사건검색, 대법원 종합법률정보가 있으며, 법령을 확인하는 국가법령정보센터, 실거래가확인을 위한 국토교통부 실거래가조회시스템, 호갱노노, 아실이 있으며, 토지의 거래가를 조회하기 위한 밸류맵, 디스코, 현재의 매물과 추세판단을 위한 네이버부동산, 부동산114, kb부동산, 부동산지인, 부동산공시가격을 확인하는 부동산공시가격알리미, 한국부동산원 앱, 각종 대장과 증명발급을 위한 정부24, 건축행정시스템 세움터, 토지이용계획확인원 확인을 위한 토지이음, 공매관련 온비드, 대출관련 한국주택금융공사, 주택도시보증공사, 상권분석을 위한 소상공인진흥공단의 상권분석시스템, 세금계산을 위한 부동산계산기 정도로 요약한다.

경매를 좀더 체계적이고 본격적으로 시도하려면 유료 경매사설사이트를 이용하는 것을 추천한다. 사이트마다 가격, 레이아웃, 제공되는 내용에서 차이가 있다. 필자는 탱크옥션을 사용하고 있는데 자신에게 맞는 것을 이용하면 된다. 유료사이트를 이용하면 우선 시간이 절약된다. 검색과정에서 옵션을 선택하여 효율성과 전문성을 높일 수 있다. 예를 들면 경기지역의 선순위임차인을 옵션으로 선택하거나, 전국의 다가구주택을 옵션으로 선택하는 것이다. 지도를 기준으로 검색하는 것도 가능하다. 관심물건으로 담아두고 입찰결과를 확인하고 그 누적치를 통하여 경험과 감이 생기게 된다.

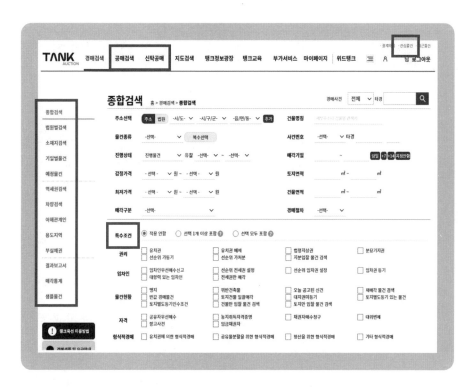

　필자의 경우 입찰과정에서 손품이 70%의 비율을 차지하고, 다리품이 30%의 비율을 차지한다. 보물이 어디에 숨어 있는지 찾는 것이 시작이다. 일단 찾으면 면밀히 검토하고 현장으로 출동하는 것이다. 보물을 찾는 과정을 꾸준히 하면 자신만의 검색루틴이 생긴다.

　부동산경매투자에서 법률서식의 작성은 필수이다. 법무사, 변호사에게 위임할 수 있지만 보수를 지급하여야 한다. 너무 어렵게 생각하지 말고 간단한 서식부터 본인이 하나씩 작성해보고 전문가의 자문을 거치는 것도 하나의 방법이다. 법률서식을 구할 수 있는 사이트를 소개하겠다. 일단 대법원경매사이트 내 경매지식에 경매서식이 구비되어 있다.

다음으로 대한법률구조공단 사이트 내 법률정보에서 다양한 법률서식을 다운받을 수 있다.

낙찰 후 위 서식을 다운받아서 셀프등기를 진행할 수 있다. 세금납부, 채권매입, 서류작성을 직접하고, 법원과 등기소를 직접 방문하는 것이다. 법무사, 변호사에게 위임하지 않고 스스로 가능하다. 그런데 대출을 받아서 대금을 납부하는 경우 소유권이전등기와 근저당권설정등기가 순차적으로 이루어져야 하므로 대출을 실행시킨 은행은 셀프등기에 대하여 난색을 표할 것이다. 이유는 소유권이전등기가 완료된 직후에 저당권설정등기가 가능한데, 소유권이전등기를 셀프로 진행하는 과정에서 실수가 유발되어 근저당권설정등기도 완료되지 못할 위험이 있기 때문이다. 은행입장에서 대출이 실행된 당일 근저당권설정등기가 완료되지 못하면 사고가 발생한 것이다. 따라서 대출이 실행되어 대금을 납부하는 경우 소유권이전등기의 경험이 없다면 셀프등기를 고집하지 않는 것을 추천한다.

세 번째 방법은, 실제 입찰을 하는 경우 전문가를 통하여 확인을 받는 절차를 거치라는 것이다. 필자도 리스크가 있거나 경험하지 못한 사례를 도전할 때 조언을 구한다. 하물며 초보자가 입찰할 때는 자신이 미처 예견하지 못하는 리스크가 도처에 얼마나 많이 숨어 있겠는가? 그 리스크가 권리분석이 될 수도 있으며, 대출, 명도과정, 세금 등 생각하지 못한 부분에서 여러분을 놀라게 할 수 있다. 필자도 세금에 대하여 항상 세무사님과 의논을 한다. 인터넷상에서 법적 근거를 제시하지 않고 책임감 없이 쏟아낸 내용을 믿을 수 있는가? 그 내용으로 소중한 내 자산을 경매판에 던지는 바보짓을 하지 말아야 한다. 부동산투자의 실패는 수업료가 너무 크다.

네 번째 방법은, 지겹도록 듣는 꾸준함이다. 꾸준히 검색하고, 임장하고 공부하는 것이다. 운도 부지런한 자에게 돌아간다. 꾸준함을 유지하기 위해서는 재미가 있어야 한다. 그런데 책만 오랫동안 잡고 있으면 흥미가 떨어진다. 그렇기 때문에 사례를 통하여 공부하는 방법을 추천한다. 자신이 관심을 두는 지역의 예정물건을 검색하여 미리 준비하거나 급매로 취득하는 것도 좋은 방법이다. 그리고 패찰을 많이 하는 것도 결국 도움이 된다. 부동산투자의 방법으로 경매를 하는 목표는 1등을 하는 것이 아니다. 내가 정한 목표에 근접하여 낙찰받아서 수익을 창출하는 것이다. 떨어져 가면서 시장분위기를 익히고 자신의 문제점을 알아가는 것이다. 이유가 있는 고가 입찰이 아니라 1등을 목표로 한 고가 입찰은 후회만 남긴다.

다음의 사례는 꾸준함과 타이밍의 중요성에 대하여 잘 설명하고 있다.

매력적인 물건이었지만 다소 늦게 발견했다.
선순위가등기와 대항력 있는 임차인이 함께 있는 권리관계로 보통은 패스하여야 하는 물건이다.

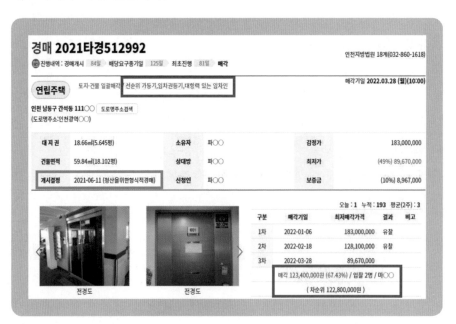

낙찰금액으로 임차인의 보증금 전액이 배당될 수 있다면 임차인의 대항력 여부는 문제되지 않는다. 다만 선순위가등기의 성질이 담보가등기가 아니라면 당연히 문제된다. 왜냐하면 본등기가 실행되면 낙찰자의 소유권은 상실되기 때문이다.

임차인 현황

말소기준일 : 2020-04-06 소액기준일 : 2022-03-28 배당요구종기일 : 2021-09-03

목록	임차인	점유부분/기간	전입/확정/배당	보증금/차임	대항력	분석	기타
1	최○○	주거용	전입: 2018-03-26 확정: 미상 배당: 없음	미상		배당금없음 보증금 전액 매수인 인수 대항력 여지 있음 (전입일 빠름).	임차인
2	한○○	주거용 전부 2018.3.30.~2022.3.29.	전입: 2018-03-26 확정: 2018-03-12 배당: 2021-06-30	보120,000,000원	있음	소액임차인 주임법에 의한 최우선변제액 최대 4,300만원 순위배당 있음 미배당 보증금 매수인 인수	임차권등기자
기타사항		* 본건 현황조사차 현장에 임한 바, 폐문부재로 이해관계인을 만날 수 없어 상세한 점유 및 임대차관계는 알 수 없으나, 전입세대 열람결과 임차인 가족이 점유하는 것으로 추정됨. * 조사내용은 전입세대열람 및 주민등록표등본에 의한 조사사항임.(권리신고에 관한 `안내문`을 출입문에 부착함) * 한국토지주택공사(임주자:최효화) : 주택임차권자로서 주택임차권등기일은 2021.08.11.임 임차인수: 2명 , 임차보증금합계: 120,000,000					

건물등기

(채권합계금액 : 120,000,000원)

순서	접수일	권리종류	권리자	채권금액	비고	소멸
갑(2)	2011-04-26	소유권이전	성○○		매매	
갑(3)	2019-11-01	소유권이전청구권가등기	공○○		매매예약	인수
갑(4)	2020-04-06	압류	종○○		말소기준등기	소멸
갑(5)	2020-12-23	파산선고	○○		서울회생법원의파산선고결정(2020하단103977)	소멸
갑(6)	2021-04-21	파산선고	○○		서울회생법원의파산선고결정(2020하단103977)	소멸
갑(7)	2021-06-11	임의경매	연○○		2021타경512992 파산자 성정순의 파산관재인	소멸
을(3)	2021-08-11	주택임차권	한○○	120,000,000	전입:2018.03.26 확정:2018.03.12 범위:전부	
갑(8)	2022-01-26	3번소유권이전청구권가등기의채무자회생및파산에관한법률에의한부인	○○		판결	소멸

주의사항

▶ 매각허가에 의하여 소멸되지 아니하는 것-갑구 순위 3번 소유권이전등기청구권 가등기(2019.11.1. 등기)는 말소되지 않고 매수인이 인수. 만약 가등기된 매매예약이 완결되는 경우에는 매수인이 소유권을 상실하게 됨
▶ 매각허가에 의하여 소멸되지 아니하는 것-매수인에게 대항할 수 있는 을구 순위 3번 임차권등기(2021.08.11.등기)있음(임대차보증금 120,000,000원, 전입일 2018.03.26., 확정일자 2018.03.12.). 배당에서 보증금이 전액 변제되지 아니하면 잔액을 매수인이 인수함.

하지만 등기부를 쓰윽 살펴보고 넘기려는 찰라에 등기부에서 보기 드문 문구가 마우스 클릭을 멈추게 했다. 그 문구는 '부인' 과 '판결' 이다.

위 경매절차는 파산자의 청산을 위한 경매이다.

등기부 갑구 (5)에 "서울회생법원 파산선고결정"이라고 명시되어 있다.

이를 형식적 경매라고 부른다. 형식적 경매의 예는 앞서 서술한 유치권에 의한 경매, 공유물분할을 위한 경매에서 설명하였다. 엄밀한 의미의 경매절차는 아니지만 경매의 형식을 따르는 절차로 이해하면 된다.

그리고 등기부 갑구 (8)에 "소유권이전청구권가등기에 대하여 채무자회생파산에관한법률에의한부인" 이라고 명시되어 있다.

이 문구 때문에 위 경매사건을 자세히 살펴보게 되었다.

우선 위 서울회생법원의 파산선고결정 사건번호를 대법원 나의 사건검색에서 확인하였다.

· 사건번호 : 서울회생법원 2020하단103977

기본내용

청사배치

사건번호	2020하단103977	사건명	[전자] 파산선고
신청인	성O순	채권자	신한카드(주) 외 8명
재판부	제213단독 (가) (전화:02-530-2831)		
접수일	2020.08.25	종국결과	
송달료, 보관금, 종결에 따른 잔액조회		사건이 종결되고 송달료 종결 혹은 보관금계좌가 종결된 경우에만 조회 가능합니다.	

최근기일내용

상세보기

일자	시각	기일구분	기일장소	결과
2021.12.10	14:00	채권자집회·의견청취기일	서울법원종합청사4별관제8호법정	속행
2022.03.11	14:00	채권자집회·의견청취기일	서울법원종합청사4별관제8호법정	속행
2022.01.14	14:00	채권조사특별기일	서울법원종합청사4별관제8호법정	종결
2022.07.13	15:00	채권자집회·의견청취기일	서울법원종합청사4별관제6호법정	

· 최근 기일 순으로 일부만 보입니다. 반드시 상세보기로 확인하시기 바랍니다.

최근 제출서류 접수내용

상세보기

일자		내용
2022.01.07	파산관재인 안	시부인표 제출
2022.01.10	파산관재인 안	시부인표 제출
2022.01.14	파산관재인 안	이의통지서 제출 제출
2022.03.03	파산관재인 안	파산관재인보고서(e)-5회차 제출

· 최근 제출서류 순으로 일부만 보입니다. 반드시 상세보기로 확인하시기 바랍니다.

관련사건내용

법원	사건번호	결과
서울회생법원	2020하면103977	면책사건
서울회생법원	2021하기100876	기타 파산관련신청사건

관련사건 내용에 '하기' 사건을 검색하면 다음과 같은 내용을 확인할 수 있다.

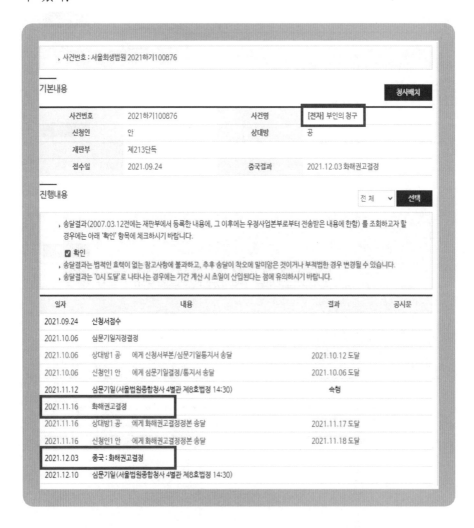

파산절차에서 부인이란 사해행위취소와 유사하다고 생각하면 쉽다. 따라서 가등기는 법적효력이 없는 것이다.

입가에 미소가 번진다. 다음으로 확인할 사항은 건물의 컨디션이다.

바로 현장으로 출동하여 확인한 결과 북향이지만 시야가 탁 트여있고, 바로 앞이 초등학교이며 간석오거리역이 걸어서 3분이 걸리지 않는다. 주거 입지로 흠잡을 것이 많지 않다.

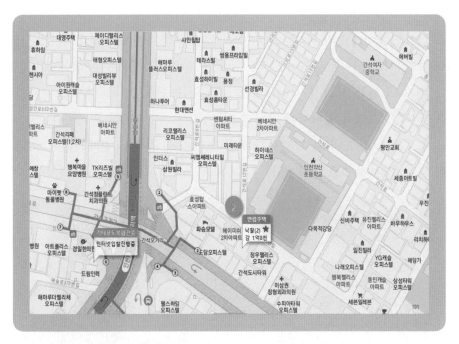

실거래가와 네이버 매물까지 확인한 후 걱정이 되는 부분은 하나였다. 파산절차에서 부인의 청구가 인용되어 등기부에 기재되었는데 이 부분까지 체크하고 입찰할 경쟁자가 과연 몇 명이나 될 것일까 였다.

2차 매각기일이 2. 18.인데 등기부에 '부인'이 등재된 시점은 1. 26.이다. 그리고 3차매각기일이 오늘(3. 28)인 것이다. 과연 몇 명이 이 사실을 확인하고 입찰에 참여할지가 미지수였다.

대항력 있는 임차인이 있기에 어차피 12,000만 원은 넘겨야 한다. 게다가 경매신청비용이 최우선 배당되므로 경매신청비용 정도는 추가하여야 한다. 법인의 취득세율을 낮추기 위해서 1억 이하로 낙찰받고 배당되지 않는 임차보증금을 별도로 지급하여도 되지만, 경쟁자를 생각한다면 위험한 전략이다.

단독입찰이라도 어쩔 수 없다. 행여 있을 경쟁자를 고려하여 최선의 금액을 적는다. 임차보증금 12,000만 원에 경매신청비용을 보태어 결정한다. 필자의 입찰가 작성 패턴은 아래 단위의 금액으로 내려갈수록 숫자를 올려 쓴다. 그래서 입찰서에 작성된 최종금액은 12,340만 원이었다.

다행히 당일 진행된 경매사건이 많지 않아서 입찰자 전체인원이 60명이 넘지 않을 것으로 예상했다.

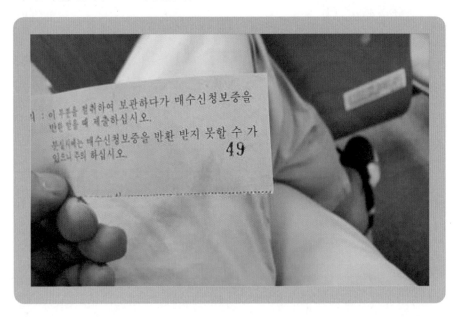

개찰을 시작하고 입찰 봉투를 정리한 집행관이 사건번호를 부르며 입찰자가 2명이라 한다. 미묘한 감정이 올라오고 가슴이 쿵쾅거린다. 취득세를 아끼지 않고 입찰한 게 천만다행이다.

경매 **2021타경10144 (1)**

1 허가	2 허가

인천지방법원 18계(032-860-1618)

진행내역 : 경매개시 84일 | 배당요구종기일 162일 | 최초진행 38일 | **매각**

오피스텔(주거) 토지·건물 일괄매각

매각기일 2022.03.28 (월)(10:00)

인천 남동구 구월동 114○○ 도로명주소검색
(도로명주소:인천광역○○)

대 지 권	10.7199㎡(3.243평)	소유자	조○○	감정가	194,000,000
건물면적	50.65㎡(15.322평)	채무자	조○○	최저가	(70%) 135,800,000
개시결정	2021-06-17 (임의경매)	채권자	신○○	보증금	(10%) 13,580,000

오늘:1 누적:169 평균(2주):2

구분	매각기일	최저매각가격	결과	비고
1차	2022-02-18	194,000,000	유찰	
2차	2022-03-28	135,800,000		
매각 171,900,000원 (88.61%) / 입찰 17명 / 주○○				
(차순위 165,000,000원)				

위 사건의 1번 물건번호에 17명, 2번 16명이 입찰하였고, 재개발 호재가 있는 빌라에 24명이 입찰하였다.

필자가 참여한 물건에는 단 2명이 입찰하였다. 어려운 권리분석이라고 하기보다 꼼꼼히 살펴본 자만이 입찰이 가능한 것이다.

사실 떨어 진줄 알았다. 법정 내 모니터에 필자의 입찰표가 먼저 등장했기 때문이다. 보통 낮은 금액에서 높은 금액으로 보여주기에 마음을 비웠다. 그런데 모니터에 보이는 경쟁자의 입찰표 금액은 12,280만 원이었다. 딱 60만 원 차이이다. 경쟁자도 임차보증금에 경매신청비용을 더하여 입찰가액을 쓴 것이다. 경매신청비용은 경쟁자가 산정한 금액이 더 정확할 것이다. 하지만 필자가 입찰표를 작성하는 루틴을 지킨 것이 행운으로 돌아왔다.

필자 외에 이 물건의 빈틈을 보고 베팅을 한 타자가 딱 1명 더 있었고, 입찰가 산정도 정말 미세한 간발의 차이였다. 타짜 2명의 짜릿한 승부였다. 만일 한 번 더 유찰되었으면 경쟁자가 더 많았을 것이다. 낙찰받을 수 있었던 것은 꾸준함과 타이밍의 결과였다.

6. 다음 파도가 오기 전에 선점하라

　부동산 상승기를 들여다보면 패턴이 존재한다. 서울 강남에서 시작하여 수도권, 지방으로 부동산의 가격이 상승한다. 그리고 아파트에서 시작하여 오피스텔, 빌라까지 상승한다.

　인터넷 커뮤니티에서 공유되는 정보의 양과 속도가 엄청나다. 어느 지역이 저평가되었는지, 드러나지 않은 개발호재가 무엇인지 서로 공유한다. 그리고 투자의 실행도 융단폭격하듯이 한다. 법인투자가 한때 이슈가되면서 너도나도 법인설립을 하였다. 정부의 규제는 항상 늦었고, 투자자들은 규제의 빈틈을 정확히 파고들었다. 조정지역의 선정을 피해서 핀셋투자를 하고, 세금부담이 늘어나자 증여를 활용하였다. 투자 관련 유튜버가 송출하는 지식과 노하우의 수준은 상상 이상이다. 이제는 특권층만 누리던 정보와 노하우는 거의 드물다. 약간의 노력으로 자신의 입맛대로 지식과 노하우을 취사선택할 수 있다. 오히려 너무 많은 정보로 혼란스러울 정도이다.

　이런 시장에서 살아나려면 전문성뿐만 아니라 미래를 예측하고 유연하게 대처하는 능력도 필요하다. 한때 소형아파트가 대세라고 유행몰이를 한 시절이 있었다. 그런데 지금은 코로나 바이러스로 재택근무가 일상화되면서 대형아파트가 인기이다. 코로나로 찬밥이 된 물건이 핫한 물건으로 변할 수 있는 것이다. 경매 판을 이해하는 것도 중요하지만 더 중요한 것은 부동산시장을 통찰하는 것이다. 전자가 잔기술이라면 후자는 큰 기술이다. 적절한 매수 및 매도타이밍을 포착하는 혜안을 가지자. 다음 부동산 시장의 파도를 예견하고 준비하자. 경매, 매매, 공매, 분양권, npl 중에서 가장 효율적인 방법을 사용하면 된다.

7. 결국 가격과 가치의 판단이다.

경매투자의 성패는 결국 가격과 가치의 판단에 따라 좌우된다. 가격은 시장에서 현재 형성되는 금액을 의미하고, 가치는 내재된 미래의 가격이다. 때로는 미래가치가 가격에 이미 선반영된 경우도 있다. 따라서 남들이 모르는 미래가치를 보는 혜안을 가진 자가 수익을 가져간다.

물건종류별 검토사항에서 보았듯이 공장, 빌딩, 토지는 가격을 쉽게 알기 어렵다. 아파트는 인터넷으로 쉽사리 가격을 파악할 수 있지만, 인근 부동산을 돌아보면 인터넷과 다른 가격을 알 수 있다. 사실 가격을 정확히 아는 자가 낙찰받을 확률이 높다. 정확한 가격을 알아야 정확한 수익률을 계산할 수 있다. 권리분석을 하는 이유도 정확한 가격을 산정하기 위한 과정이다. 권리분석상 오류로 인수금이 발생한다면 가격이 달라지는 것이다. 가격을 정확히 아는 것이 경쟁력이다. 가치를 보는 안목은 꾸준한 공부와 다리품에서 온다.

경매의 목표는 부동산을 싼 값으로 취득하는 것이다. 싸게 취득한다는 전제조건으로 가격과 가치를 알아야 한다. 가격(시세)보다 싸게 취득하려면 경쟁이 적은 분야에서 타짜가 되어야 한다. 경쟁이 적은 분야는 투입자본이 어마어마한 물건이거나, 리스크 해결이 어려워서 전문성이 요구되는 영역이다. 그렇다고 절대 어려운 물건만 돈이 되는 것은 아니다. 기회는 계속 지나가고 있다. 숨은 보석을 찾아보자. 노력하는 자에게 운이 도와줄 것이다.

8. 맺음말

새로운 시작에는 항상 두려움과 저항이 따른다. 처음부터 마라톤 풀코스 42.19km를 완주하려 하면 엄두가 안난다. 하지만 작은 목표를 하나씩 이루기 시작하면 멀게만 느껴지던 목표가 달리 보일 것이다.

출처: 대한철인3종협회

필자가 철인 3종을 처음 접하면서 어떻게 수영으로 1.5km 를 갈 수 있을까 라는 의구심을 가질 때 수영장 옆 레인에서 어떤 할머니가 쉬지 않고 수영하는 모습을 보고 깨우쳤다. 누군가 하고 있다면 할 수 있는 것이다. 물의 저항도 점차 적응되고, 두려움은 무뎌진다. 막연히 위험하다는 선입견을 버리고 하나씩 깨우치고 경험하면 부동산경매로 수익의 달성이 가능하다. 요즘은 입찰장에 젊은 청년들이 많이 보인다. 여성분들도 명도를 직접하고 있다. 많은 유튜브 채널에서 자신의 승전보를 알려주고 있다. 하지만 투자의 세계는 냉혹하다는 사실을 잊어서는 안 될 것이다. 어설픈 시도로 물속에 가라앉을 수도 있다. 두려움에 압도될 필요는 없지만 치밀한 준비가 필요하다는 의미이다.

타짜의 건승을 기원한다.

제6장

부동산 경매의 최종 마무리 세금

I. 부동산의 취득과 세금

부동산 등을 취득할 때 제일 먼저 납부하게 되는 지방세이다. 부동산을 취득한 경우 취득일로부터 60일 이내 부동산취득소재지 관할 지방자치단체에 신고납부하여야 한다. 취득세의 대상은 여러 가지가 존재하나 지면상 다음의 요약된 내용으로 한정한다.

1. 주택의 취득세율

(개인 간 거래는 빠른 날[계약상 잔금지급일, 등기접수일] 기준으로 적용하게 된다.)

주택 추가 취득		조정대상지역	비조정대상지역
개인	1주택(85m²초과)	1.1%~3.3%(1.3%~3.5%)	
	2주택(85m²초과)	8.4%(9%)	1.1%~3.3%(1.3%~3.5%)
	3주택(85m²초과)	12.4%(13.4%)	8.4%(9%)
	4주택 이상 (85m²초과)	12.4%(13.4%)	12%(13.4%)
법인		12.4%(13.4%)	

■ '20.7.10. 이전에 매매계약을 체결하고 계약금을 지급한 사실이 확인되는 경우 종전 규정 적용('20.8.12. 이후 취득한 조합원입주권 및 분양권 주택 수에 포함)

■ 부동산을 취득한 날부터 60일 이내(상속은 상속개시일이 속한 달의 말일부터 6개월 이내)에 취득세(농어촌특별세, 지방교육세 포함)를 신고·납부 한다.

2. 주택외 기타 취득세율

구 분			취득세	농어촌특별세	지방 교육세	합 계
주택 외 부동산 유상취득			4%	0.2%	0.4%	4.6%
원시취득, 상속(농지 외)			2.8%	0.2%	0.16%	3.16%
무상취득(증여)			3.5%	0.2%	0.3%	4%
농지	매매	신규	3%	0.2%	0.2%	3.4%
		2년이상자경	1.5%	비과세	0.1%	1.6%
	상속		2.3%	0.2%	0.06%	2.56%

#조정대상지역 기준시가 3억 원 이상 주택 증여 시 세율→12.4%(13.4%) 중과

3. 개정예정(안)

행정안전부는 2021.12.09.일 지방세입관계법률 개정안이 국회 본회의에서 의결돼 2023년 이후 아파트, 빌딩(중소형) 등 상속증여시 매매사례가액, 감정가액 등이 과세표준이 됨에 따라 취득세 부담이 증가할 것으로 예상이 된다.

구 분		개정 前	개정 後
유상 승계 취득	개인간 거래	MAX[신고가액, 시가표준액]	MAX[사실상 취득가액, 시가표준액]
	특수관계자	MAX[취득당시가액, 시가표준액]	시가 인정액
	무 관계		사실상 취득가액
무상승계취득		시가표준액	시가 인정액

#시가인정액 : 매매사례가액, 감정평가금액, 경매공매가격, 유사사례가액

실질가치반영강화를 위한 취득세 과세표준 개정(2023년)

Ⅱ. 부동산의 보유 및 세금

1. 재산세(재산세와 종합부동산세의 과세기준일 ☞ 매년 6월1일)

부동산을 보유하고 있는 경우 재산세와 종합부동산세가 대표적이다. 이 세금의 과세기준일은 매년 6월 1일이다. 부동산을 보유할 때 납부할 세금의 기준이 되는 것은 시가표준액 또는 기준시가에 의해 계산하게 된다. 시가표준액이란 지방자치단체에서 지방세(취득세,재산세 등)을 부과하기 위해 결정 · 고시한 가액을 의미한다. 기준시가는 국세(종합부동산세, 양도소득세 등)를 부과하기 위해 결정 · 고시한 가액을 뜻한다.

2. 재산세 과세대상(부과주체는 지방자치단체)

  (1) 주택
  (2) 건축물
  (3) 토지

3. 납부시기

  (1) 매년 7월 31일
     주택분의 1/2 과 건축물

(2) 매년 9월 30일

주택분의 1/2 과 토지분

4. 종합부동산세(납부기한 매년 12월 15일, 500만 원 이상 분납신청 가능)

(1) 과세대상(인별 과세)

종합부동산세 과세대상은 주택과 토지에 한한다. 건축물은 종합부동산세 대상에 해당하지 않는다.

과세대상 유형 및 과세 단위의 구분		과세대상 금액(공시가격)
주택	인별 전국 합산	인별 6억 원 초과 (1세대 1주택자 11억 원 초과)
종합합산토지(나대지, 잡종지 등)		인별 5억 원 초과
별도합산토지 (일반건축물의 부속토지 등)		인별 80억 원 초과

(2) 세율 [종합부동산세 과세표준 = (공시가격-공제액)×공정시장가액비율]

주택공시가격이란 아파트, 연립주택, 다세대주택과 같은 공동주택은 공동주택공시가격을 의미한다. 단독주택과 다중주택 및 다가구주택은 개별주택공시가격을 의미한다.

구분		일반			3주택(전국) 및 조정지역 2주택 이상		
공정시장 가액비율		'22년부터 100%					
세율 ('21납 부분 부터)	과세표준	세율	누진공제		과세표준	세율	누진공제
	3억원 이하	0.6%	-		3억원 이하	1.2%	-
	6억원 이하	0.8%	60만원		6억원 이하	1.6%	120만원
	12억원 이하	1.2%	300만원		12억원 이하	2.2%	480만원
	50억원 이하	1.6%	780만원		50억원 이하	3.6%	2,160만원
	94억원 이하	2.2%	3,780만원		94억원 이하	5.0%	9,160만원
	94억원 초과	3.0%	1억1,300만원		94억원 초과	6.0%	1억8,560만원
세부담 상한		전년 대비 비조정대상지역 일반 150%, 조정 2주택 및 전국 3주택 이상 300%					

■ '21년 법인 종부세율은 단일세율 3% 또는 6%

■ '21년 법인 공제금액(6억원) 및 세 부담 상한 폐지

■ 법인 조정대상지역 내 '20.6.18. 이후 임대사업 등록 신청분부터 종합부동산세 합산배제 불가 !!

■ 주택부수토지도 종합부동산세 주택 수 계산 시 포함

■ 상속주택 ☞ 상속개시일부터 2년(또는 3년*) 간 주택수 제외('22년 개정)

*수도권·특별자치시(읍·면지역 제외), 광역시(군지역 제외) 외 지역

III. 부동산의 양도와 세금

토지나 건물 등 부동산을 매도할 경우 양도소득세의 문제를 고민해보고 처분에 대한 의사결정을 하여야 한다. 주택에 대한 가격이 상당히 많이 상승하였고 이로 인해 계약금이 통상 계약금액의 10% 이상이다. 계약 이후 과도한 양도소득세가 예상이 되더라도 계약금을 포기하기가 어려워질 수 있기 때문이다.

부동산을 양도하면 일반적으로는 양도소득세가 과세되고, 조세정책에 따라 비과세 되거나 감면규정이 있으므로 이러한 요건을 확인하여 처분의사 결정을 하여야 한다.

1. 2022년 양도소득세 분야 주요 개정사항

양도소득세 조세정책적으로 규제가 많은 세금이다. 2022년도에도 많은 개정사항 중 중요하다고 생각되는 부분은 다음과 같다.

- 1세대 1주택 양도소득세 비과세 기준금액 상향조정 실거래가액 9억원 →12억원【'21.12.8. 이후 양도분부터】
- 실거래가액 12억 원 초과 고가겸용주택 ☞ 주택 부분만 주택으로 봄 【'22.1.1. 이후 양도분부터】(12억 원 이하 종전대로)
- 조합원입주권 적용대상 정비사업 범위에 자율주택정비사업, 가로주택정비사업 및 소규모재개발사업 추가
- 도시지역 내 주택부수토지의 범위조정【'22.1.1. 이후 양도분부터】

■수도권 내 토지 중 주거·상업·공업지역 내 토지 : 5배 → 3배

■수도권 내 토지 중 녹지지역 내 토지 : 5배 / ▷수도권 밖 토지 : 5배

2. 1세대 1주택 비과세와 특례규정

1세대가 양도일 현재 국내에 양도주택(고가주택 제외) 1채 만을 보유하고 있는 경우로 다음의 요건을 충족한 경우 2021.12.08. 이후 양도분 부터는 12억 원 이하는 비과세에 대상에 해당한다.

■1세대 1주택 비과세 : ①, ②, ③, ④ 모두 충족 시

요 건	예 외 규 정

① 1세대 기준 소유
주택 수 합산
('21.1.1. 이후 취득 분양권
주택 수 포함)
	※ 다음 중 하나에 해당하는 경우에는 2주택이라도 비과세 적용
	
	①일시적 1세대 2주택
	  [종전주택 취득 후 1년이 경과 하여 다른주택을 취득하고 종전
	  주택을 3년이내(신규주택 '18.9.13. 이전 취득 분) 양도]

②1주택(양도일 현재)만 소유	▷ 신규주택 '18.9.14.~'19.12.16. 취득분 2년 이내 양도
	▷ 신규주택 조정대상지역 '19.12.17. 이후 취득분 1년 이내 양
	  도 및 전입(전 소유자와 임차인 임대차계약 승계시 최대 2년
	  한도, 임대차계약 종료일까지 연장)

③2년 이상 보유	②상속받은 주택 이외의 1주택 일반주택 선양도 시
	  (상속개시일 당시 보유한 주택만 해당)
	③농어촌 주택 / 이농주택 /고향주택 이외의 1주택을 소유한 일
	  반주택

④2년 이상 거주
(취득 시 조정대상지역일 경우)
	④직계존속의 동거봉양(10년 이내) 또는 혼인(5년 이내)으로 인
	  한 일시적 2주택
	※ '20.12.31. 양도분까지 취득일부터 기산
	※ '21.01.01. 이후 양도분부터 최종적으로 1주택만 보유하게
	  된 날로부터 기산

※ 무주택세대로서 조정대상지역 지정일 이전 매매계약 체결+계약금 완납 사실 확인 시 2년 이상 거주요건 제외

3. 장기보유특별공제

(1) 1세대1주택 고가주택(12억 원 초과분) -[표2]

구분	3년	4년	5년	6년	7년	8년	9년	10년 이상
보유기간	12%	16%	20%	24%	28%	32%	36%	40%
거주기간	12% (8%)	16%	20%	24%	28%	32%	36%	40%

- ■ '21년 이후 양도분부터 보유기간×4%+거주기간(2년이상 적용)×4%
  예시) 보유기간 3년 이상(12%)+거주기간 2년~3년(8%) ☞ 20%적용
- ■ 3년 이상 보유한 토지·건물·비사업용 토지·원조합원입주권만 해당
- ■ 2년 이상 거주하지 않는 경우 아래 [표1] 적용

(2) 위 ①이외의 경우 - [표1]

보유기간	3년	4년	5년	6년	7년	8년	9년	10년	11년	12년	13년	14년	15년
'19 이후	6%	8%	10%	12%	14%	16%	18%	20%	22%	24%	26%	28%	30%

- ■ 장기보유특별공제에서 제외되는 대상
  ① 미등기 양도자산 / ② 원조합원으로부터 취득한 승계 입주권
  ③ 1세대 2주택 이상자의 조정대상지역 내 중과세 대상 주택

4. 1세대 1주택 비과세 보유기간 재기산 관련 사례

- **'21.1.1. 현재 A 주택만 소유하는 1주택자**
  - ⇨ A주택 비과세 보유기간 판단 : A주택 취득일~2년 이상(조정지역 2년 거주)
  - ⇨ 12억 초과 부분 장기보유특별공제 실거주 기간에 따라 차이(이하 전체 동일)

- **'21.1.1. 현재 A 주택만 소유하는 1주택자가 B주택을 취득하여 일시적 2주택인 경우**
  - ⇨ A주택 비과세 보유기간 판단 : A주택 취득일 ~ 2년 이상(조정지역 2년 거주)

- **'21.1.1. 현재 A(종전)주택과 B(신규)주택, 2주택을 소유하는 <u>일시적 1세대 2주택자</u>**

  ### Case1) A주택 선양도
  - ⇨ A주택 비과세 보유기간 판단 : A주택 취득일~2년 이상
  - ⇨A주택 매도 후 B주택 비과세 보유기간 판단 : B주택 취득일~2년 이상

  ### Case2) B주택 선양도
  - ⇨B주택 과세(일반과세 또는 중과세)
  - ⇨A주택 비과세 보유기간 판단 : B주택 처분일부터 새로 계산
    (단, '20.12.31. 이전 B주택 매도 후 '21.1.1. 현재 1주택만 보유하게 된 경우 A 주택 취득일~2년 이상)

- **'21.1.1. 현재 A 주택과 B 주택, <u>일시적 2주택 조건 미충족 상태</u>**

  ### Case 1) A주택 선양도
  - ⇨ A 주택 과세(일반과세 또는 중과세)⇨ B 주택 비과세 보유기간 판단 :
    A 주택 처분일부터 새로 계산
    (단, '20.12.31. 이전 A주택 매도하여 '21.1.1. 현재 1주택만 보유하게 된 경우 B 주택 취득일~2년 이상)
  - ⇨ 이때 B 주택의 장기보유특별공제 기산점 ☞ 최초 취득 시점부터

  ### Case 2) B주택 선양도
  - ⇨ B 주택 과세(일반과세 또는 중과세)⇨ A 주택 비과세 보유기간 판단 :
    B 주택 처분일부터 새로 계산
    (단, '20.12.31. 이전 B 주택 매도하여 '21.1.1. 현재 1주택만 보유하게 된 경우 A 주택 취득일~2년 이상)

  ### Case 3) '21.1.1. 이후 B 주택 먼저 과세 매도 후 C 주택 취득하여 A 주택과 C 주택이 일시적 2주택인 경우
  - ⇨A 주택의 비과세 보유기간 판단 : B 주택 처분일부터 새로 계산

■ '21.1.1. 현재 3주택 중 일부 처분 후 남은 2개의 주택이 일시적 2주택으로서 종전주택을 양도하는 경우【기획재정부 재산세제과-953, 2021.11.2.】

　①'21.11.2.(회신일) 이후 양도분 : 과세로 처분한 직전 주택양도일부터 새로 계산

　②'21.11.1.(회신일) 이전 양도분 : 종전 주택 취득일부터

■ '21.1.1. 현재 A 주택, B 주택 보유 2주택자가 C 주택 추가 취득 후 B주택 처분하고 A 주택과 C 주택이 일시적 1세대 2주택으로서 A 주택 양도하는 경우

　⇨ B 주택 과세(일반과세 또는 중과세)

　⇨A 주택 비과세 판단 보유기간 B 주택 처분일부터 새로 계산

---

5. 양도소득세 세율

(1) 단기양도 세율(주택/조합원입주권/분양권) → '21.6.1. 이후

구분	세율	구분	세율
1년 미만 보유자산	70%	미등기 자산	70%
2년 미만 보유자산	60%	비사업용 토지	기본세율 + 10%
2년 이상 보유자산	* 아래 표 참조	분양권 (조정·비조정 불문)	1년 이내 70% 1년 이상 60%

■조정대상지역 내 다주택자에 대한 세율 인상('21.06.01. 이후 양도분 부터)

　기본세율 + 20%p (2주택) 또는 30%p (3주택 이상)

(2) 2년 이상 보유 양도소득세 세율 → 중과세율 '20.6.1. 이후 적용

양도주택 소재지 기준	일반지역	조정대상지역 + 2주택 또는 3주택 이상		
		세율		누진공제
과세표준	세율	2주택	3주택	
1,200만원 이하	6%	26%	36%	-
1,200만원 초과 4,600만원 이하	15%	35%	45%	108 만원
4,600만원 초과 8,800만원 이하	24%	44%	54%	522 만원
8,800만원 초과 1억5천만원 이하	35%	55%	65%	1,490만원
1억5천만원 초과 3억원 이하	38%	58%	68%	1,940만원
3억원 초과 5억원 이하	40%	60%	70%	2,540만원
5억원 초과 10억원 이하	42%	62%	72%	3,540만원
10억원 초과	45%	65%	75%	6,540만원

6. 조정대상지역(2021.1.1. 현재)

주택가격, 청약경쟁률, 분양권 전매량 및 주택보급률 등을 고려하였을 때 주택 분양 등이 과열되어 있거나 과열될 우려가 있는 지역 등에 대해 국토교통부 장관이 지정하는 지역을 말한다. 조정대상지역으로 지정되면 주택 담보대출 시 LTV와 DTI의 제한을 받게 되는 것은 물론 분양권 전매와 1 순위 청약 자격 등에서도 규제를 받는다.

양도소득세에서는 조정대상지역에 있는 주택을 양도시 중과대상의 해당 여부를 반드시 확인하여야 한다. 양도소득세 중과세율은 2주택은 기본세율+20% 세율로 과세가 되며, 3주택은 기본세율+30% 세율로 과세되므로 세액부담이 상당히 크다.

부동산 조정대상지역은 다음의 표와 같다.

서울특별시	전 지역(25개 구)【'16.11.3】
경기도	과천, 성남, 하남, 동탄2【'16.11.3】, 광명【'17.6.19】, 구리, 안양 동안, 광교지구【'18.8.28】, 수원 팔달, 용인 수지, 기흥【'18.12.31】, 수원 영통, 권선 장안, 안양 만안, 의왕【'20.2.21】, 고양, 남양주(주), 화성, 군포, 안성(주), 부천, 안산, 시흥, 용인 처인(주), 오산, 평택, 광주(주), 양주(주), 의정부【'20.6.19】, 김포(주)【'20.11.20】파주(주)【'20.12.18】, 동두천(주)【'21.8.30】
인천	중(주), 동, 미추홀, 연수, 남동, 부평, 계양, 서【'20.6.19】
대전	동, 중, 서, 유성, 대덕【'20.6.19】
울산	중구, 남구【'20.12.18】
대구	수성【'20.11.20】중, 동, 서, 남. 북. 달서, 달성(주)【'20.12.18】
부산	해운대, 수영, 동래, 남, 연제【'20.11.20】, 사하【'20.12.18】
세종	행정중심복합도시 건설예정지역【'16.11.3】(주)
충북	청주(주)【'20.6.19】
충남	천안동남(주), 서북(주), 논산(주), 공주(주)【'20.12.18】
전북	전주 완산, 덕진【'20.12.18】
전남	여수(주), 순천(주), 광양(주)【'20.12.18】
경북	포항 남(주), 경산(주)【'20.12.18】
경남	창원 성산【'20.12.18】

※ (주)는 제외되는 지역이 있으므로 별도 확인이 필요하다.

임대사업자란 공공주택사업자가 아닌 자로서 1호 이상의 민간임대주택을 취득하여 임대사업을 할 목적으로 민간임대주택에 관한 특별법 제5조에 따라 등록한 자이며, 민간임대주택이란 임대 목적으로 제공하는 주택으로서 임대사업자가 같은 법 같은 조에 따라 등록한 주택을 말한다.

1. 민간임대주택에 관한 특별법 개정('20.8.18.)

임대주택은 취득유형에 따라 민간건설임대주택, 민간매입임대주택으로 구분되며, 임대의무기간에 따라 공공지원, 장기일반민간임대주택으로 구분한다.

구분	개정 민간임대주택에 관한 특별법(민특법)
1	단기임대주택 신규등록 폐지
2	장기임대주택 의무임대기간 10년으로 연장(임대료 증액제한 5%)
3	단기임대주택에서 장기임대주택으로 전환 불가
4	아파트 임대주택 등록 불가
5	폐지되는 임대유형에 대한 자진말소(임차인동의) 및 자동말소 시행
6	임대보증금 보증보험가입 의무

- '20.7.11.~'20.8.17. : 단기에서 장기전환에 따른 혜택 없음
- 19.10.24.~ : 임대료증액 제한 의무기간이 임대기간으로 확대
- '20.7.10. 이전 등록 : 단기임대주택 및 장기임대주택 (5년 이상)

■ '20.7.11. ~ '20.8.17. 등록 : 장기임대주택(8년 이상)

■ '20.8.18. ~ 등록 : 장기임대주택 (10년 이상)

2. 양도소득세 혜택

(1) 거주주택 비과세 특례

> 장기임대주택과 거주주택 보유자가 2년 이상 거주한 주택 양도 시 장기임대주택은 주택수에서 제외되므로 거주주택은 1세대1주택 비과세 가능

■ 장기임대주택 : 임대(단기 or 장기일반)주택 임대개시 당시 기준시가 6억 원(수도권 외 3억 원) 이고, 임대료 상한 5% 준수한 의무 임대기간 5년 이상인 임대주택 → 4년 단기와 8년 장기 중 아파트 임대등록 폐지유형 ('20.8.18. 이후 민특법개정)

■ 조정/비조정 취득 상관없이 '20.7.10.까지 4년 단기 또는 8년 장기로 등록한 경우와 아파트 외 주거용 오피스텔, 다가구주택, 다세대주택, 도시형생활주택 등 '20.7.11.~'20.8.17. 8년 장기, 20.8.18.이후 10년 장기로 등록한 경우 거주주택 비과세 가능

※ 거주주택 비과세 특례는 평생 1회임('19.2.12. 이후 취득분)

■ '19.2.12. 이후 신규 또는 갱신계약 분부터 임대료 증액 제한 준수

■ 거주주택 양도 후 남은 장기임대주택의 의무임대기간 종료 후 양도 시 2년 이상 거주한 경우 비과세가 적용되나, 직전거주주택 양도일 이후 양도차익분만 비과세 됨(비과세 축소)

(2) 임대주택 양도시 중과배제 혜택

① 중과대상 주택 수 판단[양도일 현재]

순서	중과대상 주택 수 판단 순서
1	조정대상지역 확인
2	중과대상 주택 수 판단(기준시가 3억원 이하 및 지역 확인)
3	중과제외 주택확인 (중과배제 대상)
4	중과 적용 - 조정대상지역 소재 주택 양도 - 중과대상 주택 수가 2채 이상 - 중과배제 주택에 해당하지 않을 것

② 임대주택 중과배제 대상

구분	중과배제 요건
1	임대개시일 당시 기준시가 6억 원(수도권 밖 3억원) 이하
2	의무임대기간 준수
3	임대료(임대보증금) 5% 규정 준수
4	지방자치단체 및 세무서에 주택임대사업자등록

■ 임대료증액 제한('19.2.12. 이후 갱신 및 신규체결분부터 5% 준수)

■ '18.9.14. 이후 취득한 조정대상지역에 있는 주택을 장기임대주택으로 등록해도 중과배제 적용 불가

■ 건설임대주택(소유권보존 前등록)과 '18.9.13. 이전 조정대상지역 취득주택과 '18.9.14.이후 비조정대상지역 소재 주택 등록시 중과배제 가능

■ '20.8.18. 이후 임대주택요건(아파트 제외)을 준수한 10년 이상 장기임대주택 중과배제 대상. 다만, 2018.9.14.이후 조정대상지역 취득한 주택 제외

■ 자동말소 또는 의무임대기간 1/2 충족 후 자진말소 후 양도시 중과배제

3. 종합소득세 관련 사항

(1) 주택 임대소득 과세 여부(등록/미등록 상관없이 적용)

소유 주택수	월세	간주임대료
1주택	비과세 (기준시가 9억 원 초과시 과세)	비과세
2주택	과세	비과세
3주택	과세	임대보증금 합계 3억원 초과 시 과세

■ 과세에 해당하면 주택임대수입금액의 2천만 원 초과 여부를 판단

■ 간주임대료 계산 시 소형주택(전용 40㎡ & 기준시가 2억 원) 제외

■ 간주임대료=(∑임대보증금 적수-3억원 적수)×60%÷365(윤년 366)×정기예금이자율(2021년 귀속 1.2%)

(2) 과세대상 주택임대소득

주택임대 수입금액	2019년 이후
2천만 원 이하	분리과세 or 종합과세 선택
2천만 원 초과	종합과세

V. 요약편

다음은 위 내용을 요약 정리한 내용이다. 취득과 보유 및 처분에 따라 설명을 하였으나, 전체적인 요약정리가 필요하다. 다음과 같이 박스 요약을 첨부하여 보았다.

투자자가 모든 세법의 내용을 숙지할 필요는 없을 것으로 판단된다. 다만, 최종 의사결정시 최소한의 요약된 지식은 확보하고 있어야 한다.

내가 잘 모르면 전문가에게 의뢰하면 된다. 그러나, 전문가에게 의뢰를 하였을 때 그 전문가의 이야기를 이해하려면 어느 정도 기본적인 지식은 갖추어야 한다.

투자자는 다양한 일에 대비하여야 한다. 세상은 변하고 있으며 변화무쌍한 현실에서 이겨내야 한다. 모든 것은 알 필요가 없으나 투자의사 결정, 처분의사 결정, 보유의사 결정 등 수많은 결정에 있어서 기본적인 지식과 전문가의 조언을 참고하여 결정하여야 한다.

세법의 기초지식은 단순히 세금을 얼마를 내는 것을 알고자 함 일 수도 있으나, 가장 중요한 것은 투자자라면 처분의사 결정에 있어서 나의 최종 수익률을 어림짐작이라도 알아야 한다. 납부세액을 알아야 투자자의 현금흐름을 계산할 수 있다.

부동산 경·공매에 있어서 낙찰 뿐만 아니라 투자금을 회수할 때의 처분의사 결정에 많은 고민을 하는데 작게나마 도움이 되기를 기원한다.

1. 양도소득세 요약정리

주택	내용
1주택 보유	㉮ '17.8.2. 대책 • 조정대상지역 내 주택 2년 이상 거주 ㉯ '18.9.13. 대책 • '20.1.1. 이후 고가주택 양도 　2년 거주요건 미충족 시 장기보유특별공제 　(15년, 최대 30%로 제한) ㉰ '19.2.12. 시행령 개정 • '21.1.1. 이후 양도 1주택 비과세 요건 강화 　(다주택자 최종 1주택이 된 날부터 2년 추가 보유 및 거주) • 주택임대사업자 거주주택 양도소득세 비과세 요건 강화 　→ 평생 1회 ('19.2.12. 이후 취득 분)
2주택 보유	㉮ 세율 • 6%~45%+20%p 중과 → '21.6.1. 이후 적용 ㉯ 장기보유특별공제 • 조정대상지역 내 중과 적용 시 장기보유특별공제 적용 배제
3주택 보유	㉮ 세율 • 6%~45%+30%p 중과 → '21.6.1. 이후 적용 ㉯장기보유특별공제 • 조정대상지역 내 중과 적용 → 장기보유특별공제 적용 배제
일시적 2주택 보유	㉮'18.9.13. 대책 • '18.9.14. 이후 조정지역 내 취득 2년 내 종전 주택 처분 ㉯'19.12.16. 대책 • 조정대상지역 내 취득 신규주택 1년 이내 전입 및 처분 　요건 추가('19.12.17. 이후 취득분부터)
상가겸용주택	• '22.1.1. 이후 1세대 1주택인 12억 초과 고가 겸영 주택 매매시 주택분 비과세, 상가분 과세(다만, 12억 원 이하 겸영주택 　: 주택 > 상가 → 전체 주택 비과세 적용)
분양권 주택 수 포함	• '21.1.1. 이후 양도분부터 다주택자 조정대상지역 내 주택 양도시 양 도소득세 중과 판단 주택 수 계산에 분양권 포함('21.1.1. 이후　취득 분양권 주택 수 포함)

2. 1주택+1조합원입주권('21.1.1. 이후 취득 분양권) 비과세 특례 요약

① 1주택자가 주택 취득일부터 1년 경과 후 1조합원입주권(분양권)을 취득하고 3년 이내 종전 주택 양도 시 해당 주택

② 1주택자가 주택 취득일부터 1년 경과 후 1조합원입주권(분양권)을 취득하고 3년이 경과 하여 종전주택 양도 시 해당 주택(다음 요건 충족 시)
 - 재건축·재개발로 취득하는 주택의 완공 후 2년 이내 세대 전원이 완공주택으로 이사하여 1년 이상 거주
 - 주택완공 후 2년 이내 종전 주택 양도

③ 1주택자가 해당 주택의 재개발·재건축으로 대체주택을 취득하여 양도하는 경우 그 대체주택(다음 요건 충족 시)
 - 사업시행인가일 이후 대체주택을 취득하여 1년 이상 거주
 - 재개발·재건축사업으로 취득하는 주택의 완공 후 2년 이내 세대 전원이 완공주택으로 이사하여 1년 이상 거주
 - 주택 완공 후 2년 이내 대체주택 양도

※ 위 ①, ②는 신규로 취득하는 승계조합원입주권 또는 '21.1.1. 이후 취득(당첨 또는 전매)하는 분양권의 종전주택 양도 시 비과세 적용
 ③은 승계조합원입주권 적용불가, 원조합원입주권으로서 사업시행인가일 현재 1주택인 경우만 적용하며 대체주택 양도 시 비과세 적용

3. 중과배제 주택 요약 정리

구 분	내 용

중과배제 주택 (비거주자도 적용)	• 수도권 외 경기도 읍·면지역 기준시가 3억 원 이하 주택
	• 장기임대주택(임대개시 당시 기준시가 6억 원【수도권 외 3억 원】
	① '18.3.31. 이전 등록 분 → 4년 단기 또는 8년 장기
	② '18.04.1. 이후 등록 분 → 8년 장기
	③ (조정대상지역) '18.9.14. 이전 취득 + '20.8.18. 이후 등록 분 →
	   아파트 외 10년 장기
	④ (조정대상지역) '18.9.14. 이후 취득 + 등록 분 →
	   장기임대주택 제외(중과배제 ×)
	• 조세특례제한법상 감면주택
	• 장기 사원용 주택, 문화재 주택, 상속주택(5년 미만)
	• 저당권 실행(3년 미만), 장기어린이집(5년 이상)
	  취학/근무/질병 등 2주택
	• 동거봉양(10년), 혼인(5년), 대물변제(3년)
	• 일시적 2주택(종전 주택) 중복기간 3년 이내
	• 저가 주택(기준시가 1억) → 1세대 2주택 만 가능
	
	※ 열거된 중과배제주택 자체 처분 시 중과배제
	※ 일반주택+중과배제 주택 → 일반주택양도 시 중과배제
	※ 장기임대주택, 감면주택 등은 다른 주택 처분하는 경우 중과대상
	   주택 수 포함

4. 임대사업자 요약 정리

구 분	내 용
종합부동산세	• 조정대상지역 '18.9.14. 이후 취득하고 임대등록 하여도 종합부동산 합산과세 → 합산배제 혜택 없음

양도소득세	• 조정대상지역 '18.9.14. 이후 취득한 임대주택 양도 시
	  양도소득세 중과
	• '18.3.31.전 임대개시 당시 6억 원 이하 임대등록한 경우
	  장기보유특별공제 추가 적용(임대 기간 6년 이상인 경우)

종합소득세	• 2천만 원 이하 임대소득 분리과세 시 필요경비율 인하 (등록 60%, 미등록 50%) • 임대소득세 감면율 21년부터 2호 이상 감면율 축소 (단기 20%, 장기 50%) ※ 1호 임대 (단기 30%, 장기 75%)
자진말소 (임대주택법 6조)	• 의무임대 기간 경과 전 주택임대사업자가 자진해서 임대사업자 말소 가능 • 임차인 동의 필요→ 필수 • 단기임대주택 신규등록 폐지(단기 건설임대 포함) • 아파트 등록 불가
자동말소	• 민간임대주택법에 의한 의무임대 기간이 경과 되면 지방자치단체장이 자동으로 임대사업자등록 말소 (단기임대주택 및 장기임대 중 아파트)
거주주택 비과세	• 2년 이상 거주주택+장기임대주택의 경우 거주주택 양도 시 1세대1주택으로 보아 비과세 가능 • 거주주택 비과세 특례 적용대상 장기임대주택 ① 세무서+지자체 사업자등록 ② 임대개시 당시 기준시가 6억 원(수도권 외 3억 원) 이하 ③ 의무임대기간 준수 ④ 임대료 5% 상한 규정 준수 • 자진말소 시 거주주택 비과세 특례 가능 ① 폐지되는 임대주택(단기와 장기 중 아파트) ② 민간임대주택법상 의무임대기간 1/2 이상 임대 ③ 자진말소(자동말소 포함)일부터 5년 이내 거주주택 양도 • 자동말소 시 거주주택 비과세 특례 가능
등록 임대주택 양도소득세 비과세 요건 거주요건 추가	• 조정대상지역 내 등록 임대주택도 거주요건 2년 충족하여야 1세대 1주택 비과세 혜택 가능 '19.12.17.부터 새로 임대 등록하는 주택분부터 적용

【거주주택+일반주택+장기임대주택】

거주 주택과 일반주택이 일시적 2주택인 경우, 거주 주택이 12억 초과하는 고가주택인 경우 12억 초과분 양도차익에 대하여 '21.2.16. 이전 양도분 1세대3주택 중과,'21.2.17. 이후 양도분부터 중과배제

5. 종합부동산세 요약 정리

종합부동산세		내용
구 분	세율	• 1.2% ~ 6.0% 상향 (전국 3주택자 및 조정지역 2주택자 중과)
	중과대상	• 조정대상지역 2주택자 • 조정대상지역 불문하고 3주택 이상자
	세 부담 상한	• 300%
	공정시장 가액반영	• '19년부터 5%씩 인상하여 '22년부터 100% 적용
'18. 9.14. 이후 조정대상지역 취득 주택		㉮ '18.9.14. 이후 취득한 조정대상지역에 있는 주택을 장기일반민간 임대주택으로 등록하더라도 합산배제 적용 불가 ㉯ 합산배제 가능한 경우 ① 건설임대주택(취득시기 및 소재지 무관) ② '18.9.13. 이전에 취득한 주택 및 '18.9.14. 이후 비조정대상지역 소재 주택 ㉰ '19.2.12. 이후 임대차계약 신규 및 갱신하는 경우 임대료 증액 제한 미준수 시 위반한 연도와 그 다음연도까지 종합부동산세 합산배제 적용 불가

제1판 제1쇄 인쇄 / 2022년 4월 25일
제1판 제1쇄 발행 / 2022년 5월 2일

저　자　여상준 • 홍성우(세무부분)
발행인　김용성
발행처　법률출판사
　　　　서울시 동대문구 천장산로 11길 17, 204-102
　　　　☎ 02)962-9154　　　　팩스 02)962-9156
등록번호　제1-1982호
I S B N　978-89-5821-403-8 13320
e-mail　lawnbook@naver.com